Sigrid-Maria Größing

TU FELIX AUSTRIA

Sigrid-Maria Größing

TU FELIX AUSTRIA

*Neue Geschichten
aus der Geschichte*

AMALTHEA

Meinen Enkeln
Peter, Eva, Sophie und Isabel
gewidmet

Inhalt

Wer war stärker: Kaiser oder Papst?

Fast ein Leben lang währte der Kampf um die Vor-
rangstellung zwischen Ludwig dem Bayern und Papst
Johannes XXII. Nachdem der Fehdehandschuh gewor-
fen war, war keiner der beiden Kontrahenten zum
Nachgeben bereit.

Ludwig, der später in der Geschichte den Beinamen »der
Bayer« führen sollte, war in eine wirre Zeit hineingeboren
worden, die mittelalterlichen Strukturen waren in Auflö-
sung begriffen und der erste Habsburger auf dem Königs-
thron, Rudolf, war trotz seiner intensiven Bemühungen
nicht in der Lage gewesen, entscheidende Maßnahmen vor
allem was seine Nachfolge betraf zu setzen. Viel zu stark
waren in den letzten Jahrzehnten die Machtpositionen der
Reichsfürsten geworden, sodass es schien, dass nur ein Mann
mit einer starken Hausmacht im Rücken das Ruder an sich
reißen konnte.

Ludwig IV., der um die Jahreswende 1281/1282 das Licht
der Welt in München erblickt hatte, war als zweitgeborener
Sohn Herzog Ludwigs des Strengen zunächst keineswegs
ein Anwärter auf die deutsche Königskrone. Nachdem der
Vater überraschend früh gestorben war, gab die Mutter
Mathilde den zwölfjährigen Knaben für einige Jahre zu ihren
habsburgischen Verwandten nach Wien, wo er im Kreise
seiner Vettern und Basen nicht nur mehrere Sprachen lernte,
sondern sich auch auf ein politisches Amt vorbereiten
konnte. Denn die Mutter und König Albrecht I. verfolgten
die Absicht, Ludwig neben seinem Bruder Rudolf als Mit-

regent im Herzogtum Oberbayern einzusetzen, ein Plan, dessen Verwirklichung zu langwierigen Streitigkeiten zwischen den Brüdern führte. Und obwohl Ludwig mit der habsburgischen Familie zunächst auf gutem Fuße stand, ergaben sich schon sehr bald auch mit ihr ernste Schwierigkeiten, als er genauso wie sein Cousin Friedrich die Hand nach der deutschen Königskrone ausstreckte.

Da sich die deutschen Kurfürsten nicht entscheiden konnten, wer in Hinkunft im Reich herrschen sollte, kam es im Jahre 1314 zur Doppelwahl und zur Krönung sowohl Ludwigs als auch Friedrichs, wobei der eine am falschen Ort und der andere von der falschen Person gekrönt wurde. Jahrelange Zwistigkeiten waren die Folge, die in der Schlacht bei Mühldorf 1322 für Friedrich unglücklich endeten. Da aber Ludwig wenigstens innerhalb der Familie Frieden haben wollte, bot er nach Jahren dem Unterlegenen die Mitregentschaft an.

Ludwig konnte aber trotz dieses Ausgleichs keineswegs beruhigt in die Zukunft sehen, er war ein Leben lang von Feinden umgeben. Natürlich hatte er sich als machtbewusster Mensch große Ziele gesetzt und dabei klar erkannt, dass es für ihn unumgänglich notwendig war, seine Hausmacht zu erweitern. Nachdem er von seinem Bruder Rudolf dessen bayerische Gebiete übernommen hatte und ihm auch Niederbayern zugefallen war, herrschte er nicht nur über Bayern, sondern auch über die Pfalz. Auch seine erste Ehe schien, was die Mitgift seiner Gemahlin Beatrix, der Tochter des Herzogs von Schlesien-Glogau betraf, erfolgsversprechend, allerdings starb seine Gattin schon früh. Erst durch seine zweite Ehefrau Prinzessin Margarethe von Holland, die Tochter des Grafen Wilhelm III. von Holland, Hennegau und Seeland, erwarb er für seine Nachkommen einen gewissen Anspruch auf diese Gebiete.

In geschickter Weise nützte er alle Möglichkeiten, seine Machtposition zu stärken. Als 1320 die Askanier in der Mark Brandenburg ausstarben, belehnte er seinen erst achtjährigen Sohn Ludwig mit diesem Gebiet, wodurch er den Wittelsbachern eine Kurstimme sichern konnte. Dass dieser Sohn einmal die »Noch-Ehefrau« des Luxemburgers Johann Heinrich von Böhmen, die Erbin von Tirol, Margarete Maultasch, heiraten würde, stand damals noch in den Sternen. Tirol schien den Wittelsbachern durch diesen klugen Schachzug im Jahre 1342 sicher. Was Ludwig der Bayer nicht ahnen konnte, war die Tatsache, dass der Tod den Wittelsbachern einen dicken Strich durch die Rechnung machen würde. Als vom Schicksal gezeichnete Witwe vermachte Margarete ihr Land Tirol 1363 den Habsburgern.

Die großen Probleme, die Ludwig ein Leben lang zu meistern hatte, waren nicht nur im Reich zu suchen. Er hatte sich unvorsichtigerweise mit dem Papst angelegt, wobei es sich schon bald abzeichnete, dass hier ein gewaltiger Kampf um die vorrangige Machtstellung zwischen Kaiser und Papst in Europa zu erwarten war. Der über 70-jährige kompromisslose, herrschsüchtige Johannes XXII. hatte sich geweigert, einen der beiden gewählten deutschen Könige anzuerkennen. Er sah sich selber als Reichsvikar, vor allem in Italien. Der Papst, der in Avignon residierte, stand ganz unter dem Einfluss des französischen Königs, als die Auseinandersetzung begann und die Franzosen hatten nach wie vor allergrößtes Interesse an Italien. Johannes XXII. warf Ludwig den Fehdehandschuh hin, indem er eine Anklage gegen ihn wegen Ketzerbegünstigung an die Domtür von Avignon anschlagen ließ, da Ludwig gegen den Willen der Kirche Partei in einem Ordensstreit ergriffen hatte. Wer allerdings von der Aktion des Papstes nicht verständigt wurde, war der deutsche König! Was der alte Mann auf dem

Stuhle Petri freilich nicht geahnt hatte, war, dass Ludwig weder Tod noch Teufel und schon am allerwenigsten den Papst fürchtete. Er nahm den Kampf gegen Johannes auf, nachdem ihm verschiedene italienische Stadtstaaten signalisiert hatten, dass sie ihn unterstützen wollten.

Am 8. Oktober 1323 eröffnete Johannes XXII. den kanonischen Prozess gegen Ludwig den Bayern. Der König wurde angeklagt, seinen Titel ohne päpstliche Approbation zu führen, und wurde aufgefordert, vor einem päpstlichen Gericht in Avignon zu erscheinen. Außerdem sollte er unverzüglich die Krone zurücklegen! Die Antwort Ludwigs war, dass er in der so genannten Nürnberger Appelation gegen das Vorgehen des Papstes Berufung einlegte, was natürlich von Johannes XXII., genauso wie die weiteren Schritte, die Ludwig unternahm, vehement abgelehnt wurde. Im Gegenteil: Johannes XXII. verhängte am 23. März 1324 den Kirchenbann über Ludwig, eine Kirchenstrafe, die in früheren Zeiten katastrophal gewirkt hatte, da mit ihr die Exkommunikation verbunden war. Nicht nur er war von den Sakramenten ausgeschlossen, auch alle, die auf seiner Seite standen, wurden mit dieser schrecklichen Strafe belegt. Aber der Papst hatte in seinem Hass auf den deutschen König nicht bedacht, dass die Wirkung des Banns längst abgeschwächt, wenn nicht überholt war. Jetzt zeigte es sich, dass einzig und allein die Macht der Person zählte, sodass Ludwig den nächsten Schritt setzen konnte: Er klagte den Papst der Ketzerei an, worauf der Papst nochmals mit dem Bann und dem Interdikt antwortete, wodurch der deutsche König gleichsam für vogelfrei erklärt wurde. Jedermann hätte ihn ungestraft umbringen können. Nichtsdestotrotz brach Ludwig nach Rom auf und wurde schon in Mailand mit der eisernen Krone der Langobarden gekrönt, bevor er und seine Gemahlin in Rom von einem Vertreter der Stadt, der sich Volkskapitän nannte, von Sciarra Colonna und drei Bischöfen am 17. Januar 1328 in der Peterskirche zum Kaiser gekrönt wurde. Aber der Konflikt mit Johannes war noch lange nicht zu Ende. Der Papst schickte noch einmal eine Bannbulle nach Rom, setzte Ludwig als König und Kaiser ab, nachdem er ihn entrechtet und enteignet hatte. In dieser Situation verkündete der neue Kaiser offiziell in der Peterskirche die Absetzung des Papstes, weil er Rom hartnäckig ferngeblieben wäre, Rebellion und Krieg unter die Menschen brächte und Verfechter von Irrlehren wäre. Außerdem verurteilte der Kaiser Johannes XXII. zum Tode, während das römische Volk als neuen Papst Nikolaus V. akklamierte, der Ludwig noch einmal die Kaiserkrone aufsetzte.

Ludwig, den Johannes abfällig »der Bayer« genannt hatte, unternahm mehrmals Versuche, den Papst dazu zu bewegen, den Bann von ihm zu nehmen – auch Benedikt XII., der Nachfolger beider Päpste, weigerte sich hartnäckig, den Kaiser wieder in den Schoß der Kirche aufzunehmen. Er starb als Gebannter am 11. Oktober 1347 auf einer Bärenjagd. Obwohl die Kirchengesetze im Allgemeinen unerbittlich waren, wurde der gebannte Kaiser in der Frauenkirche in München beigesetzt. Erst im Jahre 1625 wurde auf Veranlassung von Kurfürst Maximilian die Kirchenstrafe postum aufgehoben, sodass Ludwig der Bayer in Frieden ruhen kann.

Der Glaube kann nicht nur Berge versetzen

Es war eine Liebesheirat gewesen, durch die die beiden Königreiche Kastilien und Aragon vereint wurden. Zu einem einheitlichen Spanien fehlte nur noch das Kalifat von Granada, das die katholischen Könige Isabella und Ferdinand in langwierigen Kämpfen im Jahre 1492 eroberten.

Isabella war die starke Frau in dieser Verbindung, sie bestimmte zunächst die Politik, während sich ihr Gemahl mehr mit finanziellen Angelegenheiten beschäftigte. Sie wäre dank ihrer politischen Ideen und Ambitionen bestimmt als eine große Königin und Landesmutter in die Geschichte eingegangen, hätte sie nicht Einflüsterer gehabt, deren unselige Vorstellungen bei ihr auf fruchtbaren Boden fielen. Die Königin war von frühester Jugend an in streng katholischem Glauben erzogen worden und betrachtete alle, die einer anderen Religion angehörten, als verirrte Kreaturen, die man mit allen Mitteln in den Genuss der Gnade bringen musste, welche die katholische Kirche ihren Schäflein verhieß. Vielleicht wäre die Bekehrung jener Andersgläubigen, die allenthalben auch auf der iberischen Halbinsel lebten, im Laufe der Zeit und ganz allmählich vor sich gegangen, hätten nicht kompromisslose Asketen wie der Beichtvater Isabellas, Cisneros, mit ihrem fanatischen Glaubenseifer überall im Land die Flammen der Unduldsamkeit auflodern lassen. Düstere Schatten warfen die brennenden

Scheiterhaufen auf Isabella, und sie verdunkeln ihr Ansehen bis heute.

Im September 1480 unterzeichneten Isabella und Ferdinand in Sevilla eine Urkunde, durch die die päpstliche Bulle von Sixtus IV. in Kraft gesetzt wurde, wonach das »Heilige Offizium«, die Inquisition, in Spanien eingeführt wurde, ein geistliches Gericht, das alle »Ketzer« im Lande vor ihren Richter bringen sollte. Und was zunächst als bekehrende Maßnahme gedacht war, überstieg alles, was krankhafte Gehirne sich ausdenken konnten. Religiöser Wahn paarte sich mit irrem Fanatismus.

Auf der Iberischen Halbinsel lebten im 15. Jahrhundert, wie überall in Europa, viele Tausende Juden. Sie waren geschickte Händler und hervorragende Kaufleute, die das Geld beinahe über Nacht zu vermehren verstanden, sodass auch die Herrscher oft auf ihre Ratschläge zurückgriffen, wenn ihre Geldkassetten leer gähnten. Und die jüdischen Finanziers standen den Königen gern zu Diensten und wurden gewöhnlich für ihre Hilfe fürstlich belohnt. Dass sie dem Glauben ihrer Väter mit unverminderter Inbrunst anhingen, war den Katholiken allerdings ein Dorn im Auge. Zu eigenartig, zu fremdländisch und geheimnisvoll schienen ihre Riten. Man begann von abartigen Handlungen und Zeremonien, von Hostienschändungen und Ritualmorden an Kindern zu flüstern. Der Neid auf den Wohlstand und Reichtum der Juden bekräftigte noch die ausgestreuten Gerüchte, denn der Großteil der kastilischen Bevölkerung war arm.

Auch Isabella kamen alle möglichen Verleumdungen zu Ohren, vor allem über diejenigen Juden, die dem Glauben ihrer Väter abgeschworen und sich zum Christentum bekehrt hatten. Die Taufe verhinderte nicht, dass die »Conversos« oder »Marranos«, wie diese Konvertiten genannt wurden, weiterhin äußerst verdächtig waren. Man sagte ihnen nach, dass sie nur aus Gewinnsucht und Profitgier zum Christentum übergetreten wären und in aller Heimlichkeit ihre althergebrachten religiösen Traditionen weiter pflegten.

Über diese Conversos sollte nun das »Heilige Offizium« Klarheit schaffen. Man wollte sie hochnotpeinlich über ihren Lebenswandel befragen und natürlich ihre Einstellung zur neuen Religion durch »geeignete« Methoden erforschen.

Das Vorgehen der spanischen Inquisition machte europaweit Schule. Es blockierte in ihrer menschenverachtenden Art jahrhundertelang die Veröffentlichung neuer wissenschaftlicher Errungenschaften. Das berühmteste Opfer sollte Galileo Galilei werden, der seine naturwissenschaftlichen Beobachtungen vor dem Heiligen Offizium in Rom abschwor, um sein Leben zu retten. Ob er die legendären Worte: »Und sie bewegt sich doch« tatsächlich gesprochen hatte, ist bis heute nicht geklärt. Bei den Inquisitonsgerichten schien es, als hätten sich alle Sadisten des Landes vereint, um ihre abartigen Lüste durch die Leiden und Qualen Unschuldiger zu befriedigen. Mit der Verfolgung und Verhaftung der Conversos begann das Kesseltreiben, und mit der Vernichtung oder Vertreibung der Juden und später der Mauren wurde das Werk der Inquisition fortgesetzt. Geld und Gut der Unglücklichen fielen der Krone anheim, wodurch die Kassen der Katholischen Majestäten üppig gefüllt wurden.

Königin Isabella war stark im christlichen Glauben und hart in seiner Durchsetzung. Sie kannte kein Mitleid und kein Erbarmen mit den Beschuldigten, die nach unendlichen Peinigungen schließlich zum Richtplatz, zum Scheiterhaufen, geführt wurden. Das Anzünden der Holzstöße wurde zum öffentlichen Spektakel, an dem man sich weidete wie an einem Stierkampf. Zeigte der bedauernswerte Delinquent Reue über das, was er nicht getan hatte, dann wurde er vor dem Entfachen des Holzstoßes gnädig erdrosselt. Blieb er aber bei seiner Überzeugung, unschuldig zu sein, wurde das Feuer auf kleiner Flamme gehalten, um ihn möglichst lang Qualen leiden zu lassen.

Isabella wohnte oft und nicht ungern diesen schrecklichen Schauspielen bei und empfand anscheinend keine menschliche Regung bei diesen grausigen Anblicken. Gottes Gericht war mächtig und gerecht, so glaubte sie, die zum Tode Verurteilten würden auf diese Weise von ihrer Schuld befreit und könnten vielleicht sogar noch der göttlichen Gnade teilhaftig werden. Sollte dies kein Grund zu einem Fest, zur Freude sein?

Neben der Einführung des wahren Glaubens in den beiden Königreichen Kastilien und Aragon hatte Isabella ein weiteres Ziel, das sie von Anfang an verfolgte: Sie wollte ein einheitliches Spanien, in das auch das Kalifat von Granada integriert sein sollte. Mit ganzer Kraft und ungebrochener Energie suchte sie diesen Plan ein Leben lang zu verwirklichen. Nur so ist der langwierige, verlustreiche und äußerst blutige Krieg gegen die Mauren von Granada zu verstehen, eine Aktion, die sich über zehn Jahre hinziehen und in der beide Könige, Isabella und Ferdinand, persönlich bis zur Erschöpfung kämpfen sollten. Die »Reconquista«, die Rückgewinnung des Kalifats von Granada, eines Landes, in dem Milch und Honig fließen sollten, wurde für Isabella beinahe zur fixen Idee, zum heiligen Krieg, zum Kreuzzug in Europa.

Viele Gründe gab es für die spanischen Könige, Granada erobern zu wollen, wobei natürlich wirtschaftliche Überlegungen eine Hauptrolle spielten. Aber wahrscheinlich hätten sie sich die Zähne an den schwergefestigten Mauern des

Kalifats ausgebissen, wäre es nicht in Granada zu internen Zerwürfnissen im Herrscherhaus gekommen, die Isabella und Ferdinand meisterhaft zu nützen wussten. Jeder Streit, jede Missstimmung während des jahrelangen Kampfes wurde ihnen von ihren Spionen, die überall Augen und Ohren offen hielten, hinterbracht.

Die katholischen Majestäten wussten die Gunst der Stunde zu nutzen, sodass am 2. Januar 1492 endlich die Fahne des Kreuzes über der »Perle Andalusiens« gehisst werden konnte. Obwohl Isabella von der maurischen Pracht, die sich ihr in Granada bot, überwältigt war, verfolgte sie auch hier ihr Hauptziel: Alle zur allein selig machenden katholischen Religion zu bekehren. Wer von dem von ihr vorgegebenen Weg abwich, musste bis zum 31. Juli 1492 das Land verlassen, wobei er nicht einmal einen geringen Bruchteil seines beweglichen Besitzes mitnehmen durfte. Alles, was zurück blieb, fiel der Krone anheim, Unsummen flossen in die Staatskasse, auf denen eigentlich kein Segen liegen konnte.

Rigoros und mit unbarmherziger Härte wurde Granada christlich und die katholischen Könige reich. Was sie damals noch nicht ahnen konnten, war, dass der Abenteurer und Seefahrer Christoph Kolumbus, der vor allem von Königin Isabella unterstützt wurde, diesen Wohlstand durch die Schätze, die man brutal aus den neu entdeckten Ländern nach Spanien brachte, noch vermehrt werden sollten.

Des Kaisers unüberschaubare Kinderschar

Maximilian I. war nicht nur ein hochgebildeter Mann, der Kunst und Kultur trotz seiner ständigen Geldnöte förderte, er war auch ein fröhlicher Mensch, der Wein, Weib und Gesang über alles liebte und daher so manche schöne Dame beglückte.

Die Folgen seiner zahlreichen Amouren stellten sich dann nach neun Monaten ein, sodass der Kaiser im Laufe der Zeit auf über 72 »natürliche« Söhne blicken konnte, denen eine mindestens genauso große Anzahl von Töchtern entsprach. Da er wegen seiner vielen Kriegszüge und den großen Aufgaben, die ihn im Reich erwarteten, der »Kaiser mit den fliehenden Sohlen« genannt wurde, war es ihm wahrscheinlich nicht möglich, alle seine Nachkommen persönlich kennen zu lernen, noch dazu, da seine Vaterschaft in vielen Fällen nicht sicher war. Denn die »Schlafweiber«, mit denen er so manche heiße Nacht verbracht hatte, waren durchwegs verheiratete Frauen. Maximilians Vertrauter Georg Kirchmair berichtete: »Es ist nit von Ime gehört, das er wider ordnung Ain Junckfrau Ihrer ehr entsetzt. Er ist milt, keusch-und ganntz tugendhaft.« Da Maximilian bis ins hohe Alter als attraktiver Mann galt, der ein heiteres Wesen besaß, war es für die auserwählten Damen höchstwahrscheinlich keine allzu große Überwindung, dem Kaiser gefällig zu sein. Und da er für eventuelle Folgen dieser Nacht aufkam und Mutter und Kind großzügig versorgen ließ, hatten auch die meis-

ten Ehemänner keinen Einwand, vor allem, da die Moral-
begriffe der Zeit andere waren als in späteren Jahrhunderten.

Die Schar der Kinder nahm ständig zu, sodass Maximilians Enkel Karl, als er die Nachfolge seines Großvaters
antrat, ein schweres finanzielles Erbe übernahm. Denn nach
Maximilians Willen sollten seine Nachkommen auch in der
Zukunft ein standesgemäßes Leben führen können, wobei
es natürlich für die Töchter wichtig war, an einen Mann von
Stand und Ansehen verheiratet zu werden. So reichte Margarete, eine Lieblingstochter des Kaisers, in deren Haus er
oft und gerne zu Gast war, dem kaiserlichen Jägermeister Jan
Hillant die Hand fürs Leben. Ihre Mutter war eine Rhein-
länderin, eine bezaubernde Frau, von der sich der Kaiser vor
seiner tatsächlichen Hochzeit mit Bianca Maria Sforza nur
schwer hatte trennen können. Da diese Dame über längere
Zeit hinweg Maximilians Geliebte war, ist anzunehmen,
dass Margarete zwischen 1484 und 1490 geboren wurde.

Ein Leben lang war Maximilian den Damen gegenüber
ein echter Kavalier, der darauf achtete, dass man den Frauen
mit Ehrerbietung gegenübertrat. In seiner Autobiographie
berichtete er, dass er für die Damen vieles, was zum Vergnügen gereichte, mit Umsicht bereitete, keine Kosten scheute,
Gastmähler und Feste für sie veranstaltete und alles sorgfäl-
tig plante. Obwohl er über den frühen Verlust seiner über
alles geliebten Gemahlin Maria von Burgund ein Leben lang
nicht hinwegkam, genoss er die Annehmlichkeiten und
Freuden des irdischen Daseins in vollen Zügen. Er war ein
Kaiser wie aus dem Bilderbuch, ein Mann zum Anfassen!

Die bekanntesten seiner »natürlichen« Kinder waren
sicherlich seine Söhne Georg und Cornelius, die angeblich
von einer schönen Salzburgerin stammten. Allerdings wurde
Georg 1505 in den Niederlanden geboren, sodass die Mut-

ter Georgs auch eine Burgunderin hätte sein können. Der Name Brimeu de Meghen fiel in diesem Zusammenhang des Öfteren. Beide Söhne wurden zusammen mit Maximilians Enkelkindern am Hofe von Mechelen aufgezogen, wo die legitime Tochter des Kaisers, Margarete, den Halbwaisen ihres Bruders und ihren Halbbrüdern eine »fürsorgliche Mutter« war. Um Georg und Cornelius hatte sich Maximilian schon lange Gedanken gemacht und ihr Lebensschicksal eindeutig bestimmt. Auch nach seinem Tod im Jahre 1519 hielt sich sein Nachfolger Karl V. an die Bestimmungen des Großvaters.

Auch das Leben von Christoph Viertaller konnte auf Grund von Privaturkunden genau zurückverfolgt werden. Er war in Kärnten geboren und von seinem kaiserlichen Vater als Sohn anerkannt worden. Einzig und allein der Name seiner Mutter liegt im Dunkeln, denn über die Mütter der kaiserlichen »natürlichen« Kinder schwiegen die Chronisten aus verständlichen Gründen. Nur ab und zu taucht der Name einer jungen Mutter auf, wie das Fräulein von Rappach, das Maximilian 1512 mit Georg von Rottal verheiratete. Die Tochter aus der Liaison mit dem Kaiser war ein ungewöhnlich schönes Mädchen, das der stolze Vater höchstpersönlich bei der Doppelhochzeit von Wien 1515 zum Altar führte, wo Barbara einen lieben Freund ihres Vaters, Siegmund von Dietrichstein, das Ja-Wort gab. Eine Karriere war damit dem jungen Dietrichstein sicher!

Unter den vielen Töchtern des Kaisers, deren Namen im Dunkel der Geschichte verschwanden, fand sich auch eine Martha, die mit dem Grafen von Helfenstein verehelicht war. Dieser Mann hatte ein trauriges Schicksal zu beklagen, denn die Bauern jagten ihn im Jahr 1525, als es zum großen Aufstand kam, gemeinsam mit 70 Adeligen durch die Spieße.

Für seine »natürliche« Tochter Elisabeth hatte der Kaiser den Grafen von der Mark als Ehemann auserwählt; über ihr Leben weiß man allerdings wenig, nur, dass sie 1544 starb. Von zwei weiteren Töchtern berichten die Chronisten nur kurz: von Dorothea, die zunächst wie ihre Schwester Anna als Hofdame Marias, der legitimen Enkelin Maximilians, fungierte, bevor Maria als zukünftige Braut des ungarischen Königs Ludwigs II. nach Wien geschickt worden war. Beide, Dorothea und Anna, blieben in den Niederlanden, wo sie glänzende Partien machten. Dorothea lebte in späteren Jahren in Ostfriesland und wurde uralt. Da ihr Todesjahr mit ungefähr 1572 angegeben wurde, konnte sie nur ein Kind aus einer sehr späten Liebesbeziehung Maximilians sein. Der Kaiser starb 1519 im Alter von 60 Jahren.

Es ist anzunehmen, dass die meisten »natürlichen« Söhne für den geistlichen Stand bestimmt waren. Im Schoße der Kirche fanden sie hohe geistliche Ämter und manche einträgliche Pfründe. So tauchte in Cordoba plötzlich ein Bischof namens Leopold auf, der angeblich auch ein unehelicher Sohn Maximilians gewesen sein soll. Da er erst 1557 starb, dürfte er ungefähr das Alter von Maximilians Enkel Karl gehabt haben, was etwas grotesk erscheinen mag, aber der Kaiser war zum Zeitpunkt der Geburt seines Enkels erst 41 Jahre alt, also noch lange in der Lage, einen Sohn zu zeugen.

Der letzte namentlich bekannte »natürliche« Sohn, Cornelius Maximilian von Amberg, hatte sich anscheinend geweigert, dem weltlichen Leben zu entsagen und Geistlicher zu werden. Von Natur aus ein Haudegen, machte er Karriere als Landsknecht Obrist und verdiente auf diese damals durchaus übliche Weise seinen Lebensunterhalt, ohne seinen Stiefneffen, den späteren Kaisern Karl V. und Ferdinand I., auf der Tasche zu liegen.

Wie viele »natürliche« Kinder Maximilian tatsächlich ihren Vater nannten, wird kaum mehr nachprüfbar sein. Dass aber der spätere Fürsterzbischof von Salzburg, Matthäus Lang, ebenfalls ein Nachkomme des Kaisers gewesen sein soll, entbehrt jeder Grundlage, denn Lang wurde in Augsburg bereits im Jahre 1468 geboren, zu einem Zeitpunkt, als Maximilian im zarten Alter von neun Jahren stand!

Trotz seiner unüberschaubaren »natürlichen« Familie wurden Maximilian aus seiner Ehe mit Maria von Burgund nur zwei überlebende Kinder geschenkt, denn der Sohn Karl starb unmittbar nach der Geburt. Philipp und Margarete sollten das weitere Schicksal Europas grundlegend bestimmen, wobei der Vater lange Zeit seine Hände im Spiel hatte. Es war eine Tragik für die zukünftige Entwicklung, dass Maximilian in der spanischen Doppelheirat die beste Lösung für die Zukunft sah, denn durch die Gemahlin des schönen Philipp Juana la Loca, Johanna die Wahnsinnige, kamen depressive Gemütszustände in die kaiserliche Familie, genauso wie die übertriebene Religiosität. Die lebensfrohe Grundstimmung, die Maximilian ein Leben lang zu seinen ungewöhnlichen Taten animierte, war durch das spanische Erbe ein für allemal verloren gegangen. Die Farbe war aus dem Leben der zukünftigen Habsburger gewichen, viele Talente verschwanden für immer.

Sex und Skandale prägten das Bild der schönen Papsttochter

Jahrhundertelang wurde Lucrezia Borgia als sexbesessene Giftmischerin verleumdet, erst viel später wurde ihr Bild als hochkultivierte Dame der Renaissance zurechtgerückt, deren Charme bezaubernd gewesen sein soll.

Die Dichter und Sänger ihrer Zeit wurden nicht müde, ihren Zauber zu besingen und keine Geringeren als Pietro Bembo und Ercole Strozzi rühmten ihre Anmut und ihren Geist, wobei sich zu viel Anbetung als gefährlich erwies, denn Strozzi bezahlte seine leidenschaftlichen Zeilen, die er auf die schöne Papsttochter verfasste, mit dem Leben. Spiel und blutiger Ernst waren eng verknüpft, ein Wort zu viel konnte den Tod bedeuten. Denn Lucrezias Bruder Cesare schreckte vor gar nichts zurück, auch nicht vor einem feigen Mord an dem gemeinsamen Halbbruder Juan. Niemand stand Cesares Ambitionen lange im Weg, seine Brutalität kannte keine Grenzen. Dass sein übler Leumund im Laufe der Zeit auch auf die völlig anders geartete Lucrezia übersprang, dafür sorgten schon die politisch kontroversiellen Vertreter der anderen mächtigen Fürstengeschlechter in Italien.

Als die schöne Lucrezia am 18. April 1480 das Licht der Welt erblickte, trug ihr Vater Rodrigo Borgia erst den Kardinalshut. Dass er einmal auf dem Stuhle Petri sitzen würde, stand noch in den Sternen. Natürlich verheimlichte man vor dem Kind, dessen Mutter Vanozza die langjährige Konkubine Rodrigos war, zunächst, dass es die Tochter eines hohen geistlichen Würdenträgers war. Der Vater war hingerissen von der entzückenden Tochter und kümmerte sich persönlich um die Auswahl ihrer Lehrer, denn Lucrezia sollte nicht nur durch ihre Schönheit sondern auch durch ihre Bildung in der ersten Gesellschaft glänzen.

Lucrezia hatte die Kinderschuhe noch nicht abgestreift, als der Vater begann, sich nach einem geeigneten Ehemann für sie umzusehen, wobei weder Aussehen noch Alter für Rodrigo eine Rolle spielten. Macht und Geld sollte sein zukünftiger Schwiegersohn in die Waagschale werfen können. Ein Spanier schien zunächst der Richtige zu sein, Don Cherubino Juan de Centelles. Die Tinte war aber auf dem Ehevertrag 1491 noch nicht getrocknet, als alle Vereinbarungen für null und nichtig erklärt wurden. Ein anderer würde die schöne Papsttochter zum Traualtar führen: Don Gasparo aus Valencia! Nachdem man aber Rodrigo am 26. August 1492 die Tiara aufs Haupt gesetzt hatte, war es für den neuen Papst undenkbar, dass ein unbedeutender spanischer Graf seine Tochter zum Altar führen sollte. Der 15-jährige Spanier, der bereits nach Rom gekommen war, um seine Braut in Augenschein zu nehmen, wurde ohne viel Federlesens in die Heimat zurückgeschickt.

Es gab bereits einen Nachfolger um die Hand der Papsttochter, der durch seine verwandtschaftlichen Beziehungen ins Blickfeld Alexanders VI. gerückt war. Der kaum 30-jährige Witwer Giovanni Sforza war nämlich ein Neffe des überaus einflussreichen und politisch mächtigen Regenten von Mailand, sein Onkel war Ludovico il Moro. In diesen verwandtschaftlichen Beziehungen erblickte Papst Alexander VI. große Chancen im Kampf mit den europäischen Mächten. Und was niemand mehr so richtig geglaubt hatte, trat ein: Die Hochzeit fand wirklich statt, wobei Alexander vom Papstthron aus dem schönen Brautpaar den väterlichen und päpstlichen Segen erteilte. Giovanni Sforza war von seiner schönen Braut hingerissen, die der Gesandte aus Parma, Niccolo Gagnolo, in begeisterten Worten beschrieb:»Sie ist von mittlerer Größe und anmutiger Gestalt, ihr Gesicht ist eher lang, die Nase schön geschnitten, das Haar golden, die Augen haben keine besondere Farbe, ihr Mund ist ziemlich groß, die Zähne strahlend weiß, ihr Hals schlank und schön, ihr Busen bewunderungswürdig geformt. Immer ist sie fröhlich und lächelt.«

Nach der Hochzeit folgte nicht, wie damals üblich, der Vollzug der Ehe in der Hochzeitsnacht, sondern der Vater hielt es für opportun, den jungen Ehemann sofort wieder wegzuschicken, er sollte auf die Jugend seiner Braut Rücksicht nehmen. Erst als in Rom eine Epidemie ausbrach, wurde es Lucrezia gestattet, zu ihrem Gemahl nach Pesaro zu reisen, wo die anmutige junge Frau von der Bevölkerung begeistert aufgenommen wurde.

Lucrezia hielt es aber nicht lange in der Stadt auf dem Lande, Rom, das war für sie der Ort, wo man nicht nur ihre Schönheit begeistert feierte, hier war sie der Mittelpunkt der Gesellschaft und manchmal sogar die Vertreterin des Papstes. Deshalb war sie auch keineswegs traurig, als ihr der päpstliche Vater mitteilte, dass er die Absicht hätte, ihre Ehe mit Giovanni Sforza zu annullieren. Und da eine legale Scheidung nicht möglich war, kam als einziger Nichtigkeitsgrund die Impotenz des Ehemannes in Frage. Der so brüskierte Sforza holte sich bei seinen Freunden in Mantua Rat, was er gegen dieses Ansinnen des Schwiegervaters unternehmen könnte, und er erhielt den wohl nicht ernst gemeinten Rat, seine Manneskraft in aller Öffentlichkeit zur Schau zu stellen. Mit sicherem Gespür verstand Sforza freilich die unterschwellige Gefahr, die ihm drohte, sollte er sich gegen die Absichten des Papstes stellen. Er räumte das Feld, allerdings nicht ohne Rache. Denn er streute wahrscheinlich die Gerüchte aus, Lucrezia unterhielte mit ihrem Bruder und auch dem Vater inzestuöse Beziehungen, wobei es genügend Menschen gab, die diese Böswilligkeiten verbreiteten.

Papst Alexender VI. hatte schon längst einen Nachfolger für den abgeschobenen Schwiegersohn im Auge: Alfonso d'Aragona, Herzog von Bisceglie und ein natürlicher Sohn des Königs von Neapel. Lucrezia verliebte sich vom ersten Tag an in den feschen, charmanten und liebenswürdigen Alfonso, mit dem sie glücklich zu werden hoffte. Aber die Politik machte einen Strich durch alle Pläne, denn die stets wechselnden Bündnisse, in die der Papst verstrickt war, führten dazu, dass der Schwiegervater plötzlich auf der anderen Seite der Verbündeten stand. Opposition in der Familie war absolut unerwünscht! Alfonso musste möglichst rasch aus dem Wege geräumt werden, obwohl Lucrezia nur wenige Monate vorher einem Sohn das Leben geschenkt hatte und es sowohl dem Vater als auch dem Bruder Cesare bekannt war, wie sehr sie ihren Mann liebte. Eines Nachts wurde Alfonso heimtückisch überfallen, wobei er lebensgefährlich verletzt wurde. Liebevoll pflegte Lucrezia ihren Gemahl gesund. Kaum war er wieder bei Kräften, schoss er auf Cesare, verfehlte ihn aber knapp. Gedungene Mörder erwürgten noch in der gleichen Nacht den Schwiegersohn des Papstes.

Obwohl Lucrezia zu einer gefeierten Schönheit erblüht war, bereitete ihre Wiederverheiratung gewisse Schwierigkeiten. Denn allmählich war durchgesickert, wie der letzte Ehemann ums Leben gekommen war. In die Borgia-Familie einzuheiraten bedeutete, das Schicksal herauszufordern. Nur ein wagemutiger Mann riskierte bei dem Unterfangen, die begehrenswerte Papsttochter als Ehefrau an der Seite zu haben, Kopf und Kragen. Daher war es auch verständlich, dass der Sohn des Herzogs Ercole von Ferrara lange zögerte, seine Einwilligung zur Hochzeit mit Lucrezia Borgia zu geben. Selbst als die Eheverträge unterzeichnet waren und ein Brautzug von 500 Personen sich nach Rom begab, war der Bräutigam nicht anwesend. Daher musste am 30. Dezember 1501 die Hochzeit per procurationem, durch den Bruder des Bräutigams als Stellvertreter stattfinden. 27 Tage dauerte die Reise Lucrezias nach Ferrara, auf der ein glanzvolles Fest das andere ablöste. Als sie endlich den Palast ihres Gemahls erreichte, war Alfonso von dem Liebreiz seiner jungen Frau zumindest für einige Zeit überwältigt. Für Lucrezia bedeutete das nächtliche Beisammensein mit ihrem Mann – am Tage pflegte er seinen gewöhnlichen Liebesabenteuern nachzugehen – ununterbrochene Schwangerschaften und komplizierte, kräfteraubende Entbindungen. Bei der letzten Geburt im Jahre 1519, die Mutter und Kind nicht überlebten, war sie 39 Jahre alt.

Trotz der immerwährenden Umstände, in denen sie sich befand, war sie in Ferrara zum Mittelpunkt des kulturellen Lebens, zu einer bewunderten Grand Dame der Renaissance geworden – ähnlich wie ihre Schwägerin Isabella d'Este in Mantua.

Der französische König
war trügerisch wie der Mond

*Bei den Damen, mit denen er sich gerne umgab, galt
er als charmanter Kavalier, für seine politischen
Freunde und Feinde aber war er völlig undurchsichtig, keiner konnte wirklich auf ihn bauen.*

Daher war sein Ruf bei den Fürsten Europas äußerst zweifel-
haft, vor allem natürlich bei den Habsburgern. Denn von
allem Anfang an hatte Franz, der nach dem Tod seines
Oheims Ludwigs XII. auf den französischen Thron gekommen war, das Bedürfnis, sich in Europa eine ganz besondere
Machtposition zu verschaffen, und dies war bei der Umklam-
merung durch die Habsburger wahrlich kein leichtes Unterfangen! Wahrscheinlich war es auch seine politisch hoch
aktive Mutter Louise von Savoyen gewesen, die den einzigen
Sohn von Kindheit an in dem Bewusstsein erzogen hatte, alles
daran zu setzen, Frankreich zu einer Großmachtstellung zu
verhelfen.

Mit Franz I. von Frankreich und Karl V. standen sich zwei
Männer gegenüber, von denen keiner bereit war, nur eine
Handbreit Boden dem anderen zu überlassen. »Macht« hieß
das große Zauberwort, dem auch Papst Clemens VII. und
Heinrich VIII. von England oblagen, genauso wie der tür-
kische Sultan Süleyman I., der vielfach das Zünglein an der
Waage spielen sollte. Die Rollen in Europa waren zwar ver-
teilt, aber noch lange nicht gesichert.

Franz I. von Valois hatte am 12. September 1494 auf der
Burg Cognac das Licht der Welt erblickt und war im Januar

des Jahres 1515 in Reims zum König gekrönt worden. Es dauerte nur Monate, bis er seine erste Schlacht bei Marignano gewann, in der er die Schweizer endgültig aus Oberitalien verdrängte. Der Besitz von Mailand war für den französischen König von ganz besonderer Wichtigkeit, denn durch die Herzogswürde war er zum Fürsten des Heilig Römischen Reiches geworden und somit in der Lage, sich 1519 um die deutsche Kaiserkrone zu bewerben. Dass er dadurch zwangsläufig ein ernst zu nehmender Konkurrent des 19-jährigen Habsburgers Karl werden würde, verwunderte niemanden, obwohl man natürlich nicht unbedingt einen Franzosen auf dem deutschen Königs- beziehungsweise Kaiserthron sitzen sehen wollte. Franz galt als Fremdling, während man Karl, wahrscheinlich glorifiziert durch seinen berühmten Großvater Maximilian I., als »echtes, deutsches Blut« ansah, wobei der so Gepriesene außer Flämisch nur noch Französisch und höchstens einige Brocken Deutsch verstand.

Die Chancen für Franz wären nicht schlecht gewesen, hätte ihm nicht ausgerechnet eine Dame, die er persönlich kannte, einen dicken Strich durch die Rechnung gemacht: Margarete von Österreich, die Tante Karls V. war mit allen politischen Wassern gewaschen, sie wusste genau, mit wie viel mehr Geld man die Kurfürsten bestechen musste, um den Neffen zum Herrscher über das Reich zu machen. Und Margaretes Plan ging am 28. Juni 1519 auf, wodurch sich zwangsläufig eine beinah lebenslange Feindschaft zwischen den beiden Kontrahenten Karl und Franz ergab, obzwar der Habsburger des Öfteren versuchte, den feindlichen Nachbarn zu besänftigen und diesem sogar seine ältere Schwester Eleonore als zweite Gemahlin ins Brautbett legte. Aber auch die verwandtschaftlichen Bande konnten die Gegensätze nicht aus der Welt schaffen, dazu war die politische

Kluft zwischen den beiden Machtblöcken zu groß. Eleonore vermochte in ihrer sanften Art niemals das Herz ihres Ehemannes zu gewinnen, Franz war von Jugend auf von den schönsten Damen umschmeichelt und verwöhnt worden, seine Mätressen blieben für ihn auch in Zukunft die Frauen, die ihn interessierten.

Es schien das Schicksal der beiden Herrscher zu sein, dass sie fast ein Leben lang gegeneinander kämpften, wobei es Karl V. nicht verstand, die errungenen Siege wirklich auszunützen. Denn in der Schlacht von Pavia 1525, in der die Franzosen mit ihren Söldnern zahlenmäßig überlegen waren, wurde Franz I., der sich in dem Glauben, unverwundbar zu sein, mitten ins Schlachtgetümmel gestürzt hatte, vom Pferd gestoßen. Mit blutüberströmtem Gesicht schlug er weiter wie ein Berserker um sich, bis er schließlich als der König von Frankreich erkannt und dingfest gemacht wurde. Man brachte den prominenten Gefangenen nach Madrid, wo er vertraglich auf die unteritalienischen Gebiete verzichten sollte und obendrein noch auf Burgund. Der französische König ließ sich mit diesen erzwungenen Zusagen Zeit, denn einerseits lebte es sich nicht schlecht in »ehrenvoller Haft« und andererseits wusste er Frankreich in den besten Händen. Seine Mutter Louise von Savoyen führte einstweilen die Regierungsgeschäfte. Er hatte ihr nach der Gefangennahme ein kurzes Schreiben zukommen lassen, in dem es hieß: »Madame, um Euch kundzutun, wie weit das Übermaß meines Unglücks reicht, so wisset, daß mir nur die Ehre und das nackte Leben verblieben sind … Indem ich Eure Enkel und meine Kinder Eurem Schutze anempfehle, bitte ich Euch inständig, dem Überbringer dieses Briefes sicheres Geleit für den Weg nach Spanien und zurück zu gewähren, da er beim Kaiser in Erfahrung bringen soll, wie dieser mich behandelt zu sehen wünscht.«

Schließlich akzeptierte der französische König alle Bedingungen, sodass man den Frieden von Madrid 1526 schließen konnte. Die Tinte war auf den Urkunden noch nicht getrocknet, als man den französischen König schon in allen Ehren ziehen ließ. Und da Karl V. seinen Kontrahenten immer noch nicht durchschaute, vertraute er darauf, dass dieser sein gegebenes Wort auch einhalten würde. Aber kaum hatte Franz die französische Grenze überschritten, erklärte er alle Zusagen für null und nichtig, weil sie unter Druck zustande gekommen wären, sodass der Kampf um die Vormachtstellung in Europa weitergehen konnte. Neue Machtkonzentrationen ergaben sich, in denen der Papst und die Türken eine wesentliche Rolle spielten, immer natürlich gegen die Habsburger gerichtet. Die Osmanen, gefürchtet in halb Europa, waren auf Grund eines Geheimabkommens gern gesehene Gäste in Frankreich, sodass im Reich das Gerücht in Umlauf war, dass man sich ohne weiteres am Hofe Franz I. in türkischen Gewändern zeigen konnte, während man verfolgt worden wäre, wenn man deutsche Kleidung getragen hätte.

Obwohl seine Kämpfe im Norden und Westen beinah erfolglos blieben, war es Franz auf die Dauer gelungen, Mailand zu erwerben und gleichzeitig große Gebiete in Oberitalien zu besetzen. Und da der König ein großer Kunstliebhaber war, kam er hier mit den bedeutendsten Malern und Bildhauern seiner Zeit in Verbindung. Er lud Leonardo da Vinci nach Frankreich ein, wo der berühmte Maler blieb und schließlich auch starb. Durch die Anwesenheit der Künstler und Wissenschaftler war der Hof Franz I. zu einer wahren Kunstmetropole aufgestiegen, wozu auch der Lebensstil des Herrschers beitrug. Als echter Renaissancefürst umgab sich der König nur mit Menschen, die ihn bewunderten und gleichzeitig interessierten.

Franz I. führte ein exzessives Leben, er schöpfte aus dem Vollen, nachdem er allgemein die Steuern hatte erhöhen lassen und besonders die Bauern schröpfte. Aber er brauchte an allen Ecken und Enden Geld, für seine Kriege, aber auch für die prachtvollen Schlösser, die er erbauen ließ und wo er glanzvolle Feste gab, denn als begeisterter Kunstmäzen scheute er keine Kosten, wenn es um persönlichen Luxus ging. Daneben beschäftigte sich Franz, der selber hoch gebildet war, mit den Errungenschaften der Wissenschaft und gründete in Paris das heute noch bestehende Collège de France, in dem damals die drei Sprachen Latein, Griechisch und Hebräisch gelehrt wurden.

Mit seiner ersten Gemahlin Claude de France hatte der König acht Kinder, von denen Heinrich und dessen Bruder als Geiseln an den spanischen Hof geschickt worden waren, eine Schmach für den französischen König, die er niemals vergessen konnte. Auch Heinrich II., der nach dem Vater den französischen Thron bestieg, verzieh dem Kaiser diese verlorenen Jugendjahre nie. In der Zukunft ging unter seiner Regentschaft der Kampf gegen die Habsburger weiter, selbst verwandtschaftliche Bande brachten keine Versöhnung!

Starrköpfig verfolgte er sein Lebensziel bis in den Tod

Mit zäher Energie, kompromisslos bis zur Selbstaufgabe, suchte der Portugiese Ferdinand Magellan die Durchfahrt vom Atlantik nach Westen, den »paso«, um von Osten kommend die Gewürzinseln zu erreichen.

Wie ein Besessener versuchte der portugiesische Seefahrer seinen Lebenstraum zu verwirklichen, alle Mittel waren ihm dazu recht. Da er beim König von Portugal in Ungnade gefallen war, scheute er nicht davor zurück, sich bei der spanischen Konkurrenz zu verdingen.

Die Karriere als Seefahrer Fernão de Magalhães', der in Sabrosa 1480 das Licht der Welt erblickt hatte, hatte höchst eigenartig am Hofe König Johanns II. begonnen, wohin er nach dem frühen Tod seiner Eltern als Page gekommen war, da er aus verarmten Adelskreisen stammte. Hier lag seine Erziehung wahrscheinlich in den Händen des bekannten Wissenschaftlers Martin Behaim, durch den er auf die Entdeckungen in den letzten Jahrzehnten aufmerksam gemacht worden war. Der junge Mann schien begeistert zu sein und willigte freudig ein, als ihm der Vorschlag unterbreitet wurde, er solle nach Indien fahren, um unter dem Vizekönig Francisco de Almeida seine militärische Ausbildung zu absolvieren. In Wirklichkeit hatten die Portugiesen freilich die Absicht, Männer zu rekrutieren, die sie weiter nach Osten schicken konnten, um die Gewürzinseln, die Molukken, für Portugal in Besitz zu nehmen. Der junge Magellan wurde dadurch in verschiedene Kämpfe verwickelt, in denen er sich heldenhaft verhielt. Nachdem seine Verdienste von dem neuen König Manuel nicht gewürdigt worden waren, entschloss sich Magellan, seinem Heimatland den Rücken zu kehren und in Spanien anzuheuern, nicht aber ohne vorher heimlich die portugiesischen Archive zu durchstöbern, in denen er Karten, Pläne und vor allem den Hinweis auf den geheimnisvollen »paso« fand. Eine Idee begann von ihm Besitz zu ergreifen, die er dem habsburgischen König von Spanien, Carlos I., dem späteren Kaiser Karl V., vortragen wollte. Vielleicht konnte er ihn dazu bewegen, ihm eine Flotte zur Verfügung zu stellen, mit der er den »paso« finden konnte.

Natürlich kam Magellan die Rivalität zwischen Spanien und Portugal zugute, denn beide Länder begannen sich die neuentdeckten Gebiete aufzuteilen, wobei die Portugiesen einen großen Schritt voraus waren, obwohl Papst Alexander VI. im Vertrag von Tordesillas die Hemisphären theoretisch aufgeteilt hatte. Alles, was die neuentdeckten Länder boten, war für die Eroberer interessant: Gold, Silber, aber vor allem Gewürze lockten die Konquistadoren, denn diese Spezereien übertrafen noch bei weitem den Wert der Edelmetalle. Riesige Summen wurden für Pfeffer, Vanille, Muskat und andere Gewürze gezahlt, daher waren auch die großen Handelshäuser wie das der Fugger und der Welser an diesem Geschäft interessiert. Magellan konnte sich vorstellen, dass der Hinweis auf diese Verlockungen genügen würde, um bei dem jungen König Gehör zu finden. Und so war es auch. Vorher allerdings musste der Seefahrer die Casa de Contratación auf seine Seite bringen, wobei er zu seinem Glück die Unterstützung des Faktors der Casa, Juan de Aranda, fand und sich zusätzlich noch – was beinahe einem Wunder gleich kam – auf die Fürsprache des Kardinals von Burgos,

Juan Rodriguez de Fonseca, verlassen konnte, ein Mann, der vor allem Kolumbus gegenüber äußerst skeptisch gewesen war. Da auch der Reeder Cristobal de Haro, der natürlich an der reichen Ausbeute des Unternehmens interessiert war, seine finanzielle Unterstützung zusagte, zeigte sich der junge König dem Abenteurer gewogen und stimmte dem Unternehmen zu. Am 22. März 1518 wurde ein Vertrag zwischen Carlos I. und Magellan geschlossen, der zugleich den Astronomen Ruy Faleiro einschloss, mit dem Magellan zusammen seine Pläne ausgearbeitet hatte. Beide sollten ⅕ der Erträgnisse der neuentdeckten Länder erhalten, zusätzlich sollten sie und ihre Nachkommen als Gouverneure dort eingesetzt werden. Der Vertrag bot verlockende Aussichten, die sich allerdings im Laufe der nächsten Jahre in Nichts auflösten.

Nachdem Magellan von seiner jungen Frau Barbara und seinem kleinen Sohn in Sevilla Abschied für immer genommen hatte, stachen die fünf Schiffe mit ungefähr 234 Mann Besatzung, die aus aller Herren Länder stammte, am 20. September 1519 in See. Magellan hatte die Ausrüstung der Schiffe bis ins kleinste Detail geplant, hatte überall selber Hand angelegt und sich von der Seetüchtigkeit der mit Kanonen bewehrten Segelschiffe überzeugt. Allein über 2 000 Zentner Zwieback, 165 Kilo Öl, 200 Fässer Sardinen, 75 Zentner eingesalzenes Fleisch, 112 Zentner Käse und eine riesige Menge von Fässern voll Wein waren an Bord, da Magellan die Fahrt auf ungefähr drei Monate veranschlagt hatte. Sein Irrtum die Zeit betreffend, der aus der damaligen Sicht erklärbar war, kostete beinah allen, auch ihm, das Leben. Die Fahrt über den Atlantik war von Unbilden aller Art begleitet, denn Magellan suchte, angetrieben durch die Passatwinde, voranzukommen, verlor aber durch eine vierzehntägige Flaute viel Zeit, sodass der Kapitän eines seiner Schiffe ihn um Auskunft wegen dieser Verzögerung bat. Magellan sah darin erste Anzeichen von Meuterei und ließ den vom König bestellten Kapitän und Nächstkommandierenden Juan de Cartagena in Ketten legen. Die Stimmung auf den Schiffen, die sich nachts durch Leuchtzeichen verständigten, wurde durch das schroffe, unverständliche Verhalten Magellans denkbar schlecht. Erst als man die Küsten Brasiliens erreichte, wo in den tropischen Gegenden für die Mannschaft Milch und Honig flossen, vor allem, da die einheimische Bevölkerung um Spiegel, Glöckchen, Messer und Scheren nicht nur Hühner und Gänse zur Verfügung stellte, sondern auch jede Menge schöner Mädchen, schlug die Stimmung um. Daher war keiner so richtig dazu aufgelegt, weiterzufahren, um im Süden den »paso« zu finden. Nach seinen Aufzeichnungen vermutete Magellan die Straße quer durch Südamerika, in der heutigen Rio de la Plata-Mündung, in die er auch Erkundungsschiffe schickte, die erfolglos zurückkehrten. Akribisch genau ließ er die gesamte Küste vermessen, lotete die Meerestiefe aus, wobei der Italiener Pigafetta alles, was er erforschen und erfahren konnte, genau dokumentierte. So auch die Meuterei der übrigen Kapitäne, die Magellan beinah zum Verhängnis geworden wäre. Hunger, Kälte, Krankheiten und die Ungewissheit der Zukunft hatten dazu geführt, dass die Kapitäne den sofortigen Abbruch des Unternehmens gefordert hatten, etwas für Magellan Undenkbares. Durch seinen Scharfsinn und seine ungebrochene Kraft gelang es ihm, Herr der Lage zu werden, er ließ zwei Aufrührer vor aller Augen köpfen, einen weiteren setzte er zusammen mit einem Priester an der Küste aus. Der sichere Tod war ihnen gewiss.

Die Flotte war dezimiert, als man schließlich die südlichen Buchten des heutigen Argentiniens erreichte, nachdem man vorher an der Küste riesige Menschen entdeckt hatte, die man auf Grund ihrer großen Füße Patagonier, »Groß-füßler«, nannte. Es dauerte lange, bis man sich in dem Insel-gewirr zurecht gefunden hatte, wochenlang schickte Magel-lan Erkundungsschiffe aus, von denen endlich eines Kunde gab, dass eine Durchfahrt gefunden war – der »paso« war entdeckt. Die anschließende Fahrt über den großen Ozean, den Magellan wegen seiner Ruhe als Pazifik bezeichnet hatte, konnte an Dramatik kaum übertroffen werden. Die Versorgungslage der Schiffsbesatzung war so katastrophal, dass man gekochtes Leder sowie Sägespänesuppe aß, Rat-ten galten als Delikatesse. Am 6. März 1521 erreichten die Schiffe die Marianen, wo es zu den ersten Gefechten kam. Da Magellans Sklave Enrique plötzlich einheimische Laute verstand, wusste der Seefahrer, dass es gelungen war, nicht nur in die Nähe der Gewürzinseln zu kommen, sondern dass er, wenn auch in zwei Etappen, die Erde umrundet hatte.

Es war Magellan nicht mehr vergönnt, im Triumpf nach Spanien zurückzukehren, denn bei einem Christianisie-rungsversuch auf der Insel Mactan war es am 27. April 1521 zu Gefechten gekommen, bei denen ein vergifteter Pfeil den Abenteurer am Bein verletzte. Zwei Lanzenstöße trafen ihn schließlich tödlich.

Umschwärmter Held und kaltblütiger Mörder: Cesare Borgia

Er war wohl der berühmteste aller Papstsöhne mit sei-
ner makellosen Gestalt, seinem kühnen Wesen aber
auch mit seiner unglaublichen Brutalität und Skrupel-
losigkeit. Cesare Borgia wurde geliebt und gehasst,
ohne dass man sein Wesen je ergründen konnte.

Bis heute gibt es zahllose Hinweise auf das zügellose Leben des Papstsohnes, der alle Höhen und Tiefen seiner Zeit durchlebte. Schon als Cesare als Sohn des Ehepaares Domenico Giannozzo da Rignano und Vanozza de' Cattanei im September 1475 geboren wurde, wusste ganz Rom, dass der eigentliche Vater Rodrigo Borgia hieß und einer der reichsten Kardinäle der Stadt war. Aber der spätere Papst Alexander VI. legte großen Wert auf die »Nicht-Vaterschaft«, obwohl er eine geheime Urkunde in späterer Zeit unterzeichnete, in der er Cesare ausdrücklich als seinen leiblichen Sohn anerkannte. Wie ein guter Vater sicherte er Cesare schon als kleines Kind materiell gut ab, indem er ihn mit sieben Jahren zum Apostolischen Pronotar ernannte, zusätzlich erhielt er noch eine Kanonikerstelle in Valencia.

Cesare war nicht nur ein hübsches, sondern auch ein intelligentes Kind, das zunächst bei der Mutter lebte und später von Verwandten aufgezogen wurde. Er lernte leicht, vor allem die Sprachen Spanisch, Italienisch, Französisch, aber auch Latein und Griechisch beherrschte er schon sehr bald. Was aber an ihm bei jeder Gelegenheit auffiel, war sein ungewöhnlicher Wagemut, der an Tollkühnheit grenzte. Das war etwas, was man im Rom der Renaissancezeit liebte, schöne, geistreiche Männer, die keine Gefahr scheuten. Ein Musterbeispiel seiner körperlichen Stärke lieferte Cesare, als er sich bei einem Umzug als Stierkämpfer betätigte, wobei er vom Pferd aus einem Stier mit einem Schlag den Kopf abschlug. Dass er auch bei Menschen nicht zimperlich sein würde, dachte sich vielleicht so mancher Zuschauer im Stillen!

Nachdem dem jungen Mann noch andere Kirchenpfründen zugesprochen worden waren, galt er als so vermögend, dass er als Student in Peruga und in Pisa das Geld mit vollen Händen ausgeben konnte. Die Feste in seinem Hause wurden legendär, nicht nur wegen der üppigen Speisen, die aufgetragen wurden, sondern vor allem auch durch die schönen Damen, die man überall spärlich bekleidet in den prunkvollen Räumen erblicken konnte. Cesares Lebensstil machte schon bald die Runde und kam auch dem päpstlichen Vater zu Ohren – Rodrigo Borgia war am 11. August 1492 zum Papst gewählt worden –, der selbstverständlich jetzt in seiner neuen Position eine andere Stellung für seinen Sohn finden musste. Der Kardinalshut war die richtige Bekleidung für den jungen Mann, der natürlich niemals daran dachte, irgendeine geistliche Funktion auszuüben, geschweige denn die Priesterweihe zu empfangen. Denn wie es um seine religiöse Einstellung bestellt war, wussten nicht einmal seine engsten Vertrauten. Auf keinen Fall lebte er christlich! Dabei war sein Vater vorübergehend von dem Gedanken beseelt gewesen, eine tatsächliche Kirchenreform durchzuführen, die vielleicht eine Reformation durch Martin Luther verhindert hätte. Aber das Dolce vita war Alexander VI. wichtiger als eine Reform an Haupt und Gliedern!

Man amüsierte sich weiter im Vatikan, wo Cesare bald zur rechten Hand seines Vaters avancierte und legendäre Feste veranstaltete. Cesare stand dabei als ungewöhnlich umschwärmter junger Mann im Mittelpunkt, obwohl er die Damen, deren er überdrüssig geworden war, keineswegs wie ein Kavalier behandelte. Aber »er übte mit seinem hübschen Gesicht und seinem athletischen Körper die gleiche Anziehung auf Frauen aus wie sein Vater. Er war damals schon bekannt für seine Extravaganz und gab zweifellos viel Geld aus für kostbare Stoffe und Berberpferde ... Mit der prächtigen Kleidung wollte er ablenken von seinem von der Krankheit entstellten Gesicht.« Denn Cesare Borgia hatte sich wie viele seiner Zeitgenossen mit der »Franzosenkrankheit«, der Syphillis, angesteckt, die durch die französischen Soldaten und deren Liebchen in Neapel verbreitet wurde.

Es war für Papst Alexander und seinen Sohn Cesare eine schwere Zeit, als der französische König Karl VIII. mit einem internationalen Heer Rom einnahm. Der Papst schloss mit ihm erzwungenermaßen einen Kompromiss und willigte ein, dass Cesare als Geisel mitgeführt werden sollte. Mit sieben Mauleseln, die mit schweren Truhen beladen waren, wurde der Papstsohn von den Franzosen aus der Stadt geführt. Die Bewachertruppen waren sich ihrer Sache ganz sicher, sie hatten keineswegs mit der Tollkühnheit Cesares gerechnet. Denn in einem unbewachten Augenblick schwang er sich auf das nächste Ross und ritt wie der Teufel aus dem Lager. Und da keiner so hervorragend wie er reiten konnte, war es für die Soldaten unmöglich, ihn einzuholen. Es war ein abgekartetes Spiel, denn die Truhen waren mit Ziegelsteinen beladen gewesen.

Papst Alexander hatte mit seinem Sohn große Pläne, da er ein eigenes Borgia-Herzogtum gründen wollte – mit Cesare als Herrscher. Um dies zu ermöglichen, war es aber notwendig, dass Cesare seine Kardinalswürde zurückgab, etwas, was es noch nie gegeben hatte! Und da ein zukünftiger Herzog nicht unbeweibt sein konnte, ging Cesare auf Freiersfüßen. Da man aber überall über seine dubiose Abstammung Bescheid wusste und er auch sonst kein unbeschriebenes Blatt war, sträubte sich so manche Prinzessin, ihm die Hand fürs Leben zu reichen. Erst in Frankreich fand sich die Schwester des Königs von Navarra, Charlotte d'Albret, bereit, in eine Ehe mit ihm einzuwilligen, freilich erst, nachdem Papst Alexander eine erkleckliche Summe dem Brautvater zugesichert hatte.

Was niemand für möglich gehalten hatte, trat ein: Die Braut verliebte sich in ihren Ehemann nach der ausgiebigen Hochzeitsnacht, für die sich Cesare bei einem Apotheker ein Potenzmittel besorgt hatte, das sich aber als Abführmittel erwies. Trotz dieser Malaise verlebten Cesare und Charlotte ein paar schöne Wochen in trauter Zweisamkeit, in denen die junge Frau mit Schmuck und Juwelen überhäuft wurde. Doch dann verabschiedete sich der Gatte und ließ Charlotte, die ein Kind erwartete, für immer zurück. Charlotte verwand diese Trennung nie. Sie gab Order, die Wände schwarz zu verhängen, schlief selber, so wie ihre Tochter Luisa, nur in schwarzer Bettwäsche und speiste mit ihr an schwarz gedeckten Tischen.

Cesare aber schlug sich zuerst auf die Seite des neuen französischen Königs Ludwig XII., dann bekriegte der kampfeslustige Feldherr die mittelitalienischen Städte und wurde schließlich von seinem Vater zum Gonfaniere, zum Oberbefehlshaber des päpstlichen Heeres, ernannt. Immer und überall, wo er hinkam, ließ er meist die Tore gewaltsam öffnen, schaffte jeden beiseite, der sich ihm in den Weg zu stellen wagte, sodass er schon bald im Ruf eines brutalen Machtmenschen stand, was aber diverse Damen nicht hinderte, sich in seine Arme zu werfen. Als Sieger über die unbotmäßigen Städte, die sich gegen den Papst gestellt hatten, zog er in Rom ein, umjubelt vom Volk als Held seiner Zeit.

Mit dem plötzlichen Tod seines Vaters endete auch die Gloria des Sohnes. Denn der neue Papst Julius II., mit dem sich Cesare zu arrangieren geglaubt hatte, zeigte schon nach kurzer Zeit ein völlig anderes Gesicht. Der berühmte Machiavelli, der ein Anhänger Cesares gewesen war, hatte den Handel durchschaut und Cesare gewarnt. Aber es war schon zu spät. Julius II. enthob Cesare all seiner Ämter und ließ ihn im Vatikan gefangen halten. Wie schon so oft gelang es Cesare nach Neapel zu fliehen, wo er sich in Sicherheit wiegte. Aber König Ferdinand gab dem Drängen des Papstes nach und lieferte den prominenten Flüchtling aus. Man brachte Cesare nach Spanien, wo er ein Jahr in Einzelhaft in der Festung Chinchilla schmachtete. Auch hier floh er über einen seidenen Strick, wobei er allerdings verletzt wurde. Kaum genesen versprach er seinem Schwager – immer noch kampfeslustig wie er war –, ihn im Kampf um die Festung Viana zu unterstützen, was er mit dem Leben bezahlen sollte. Seine Feinde lockten ihn in einen Hohlweg, wo er am 12. März 1507 erschlagen wurde.

Seltsamerweise wurde Cesare Borgia in der Kirche Santa Maria in Viana unmittelbar vor dem Hochaltar beigesetzt. Aber immerhin war er der Sohn des Papstes und einst Kardinal gewesen!

Der nächste Bischof allerdings, der keineswegs mit den Handlungen seines Vorgängers einverstanden war, verfügte allerdings, dass der Leichnam Cesares wegen des anrüchigen Lebens, das der Papstsohn weiland geführt hatte, aus der Kirche entfernt wurde. Man bettete das, was von dem einstmals schönen Mann übrig geblieben war, vor die Kirchentore um.

»Junker Jörg« war
der geniale Übersetzer der Bibel

Kein Geringerer als Martin Luther verbarg sich hinter dem geheimnisvollen Namen, aber er musste auch auf der Wartburg, wohin ihn sein weiser Landesherr Friedrich zu seinem Schutze hatte bringen lassen, gewärtig sein, erkannt und ausgeliefert zu werden.

Man könnte meinen, dass es Martin Luther von klein auf gestört hatte, dass seine Eltern den Familiennamen in verschiedenen Varianten zu Papier brachten, als Lüder, Loder, Luder, Ludher, Lutter, Lauther oder Lutter, so wie es damals üblich war, bevor er durch die Übersetzung der Bibel die Grundlagen für eine einheitliche deutsche Sprache geschaffen hatte. Keiner konnte damals im Jahre 1483, als Martin Luther in Eisleben das Licht der Welt erblickte, ahnen, dass dieser Sohn des Hüttenmeisters im Kupferschieferbau einmal ein weltbekannter Reformator werden sollte. Denn die Eltern waren höchstens mäßig fromm, sodass es sich der Vater kaum vorstellen konnte, dass der Sohn anstelle eines Rechtsstudiums ins Kloster eintreten würde. Angeblich war ein Gelübde, das Luther während eines schweren Gewitters, das ihn in Todesangst versetzt hatte, der Grund, dass er dem Orden der Augustinereremiten beitrat und dort schon bald zum Prieser geweiht wurde.

Der junge Mann machte sich schon sehr früh eigene Gedanken über die Thesen der christlichen Lehre. Und da er mit seinen Grübeleien alleine nicht zurechtzukommen schien, beschloss er auf Anraten seines Beichtvaters Johann von Staupitz Theologie zu studieren. Auch während des Studiums befielen ihn heftigste Zweifel an einzelnen Thesen der katholischen Kirche, was ihn aber nicht davon abhielt, nach Rom zu pilgern, wo er 1510 an einer Generalbeichte teilnahm und auf dem Bauch die »Heilige Treppe« am Lateran hinaufrutschte. Dieser körperliche Demutsakt sollte eine generelle Sündenvergebung nach sich ziehen, für den Bereuenden und seine Familie.

Es dauerte nicht allzu lange, bis Luther ein gesuchter Vortragender wurde. Man bewunderte seine Kunst der Rhetorik, vor allem aber seinen Mut, sich kritisch zu den festgefahrenen Lehren der Kirche zu äußern. Es war lebensgefährlich, lautstarke Kritik zu üben, überall lauerten Spione, die jede Überlegung, die vom »rechten Wege« abzulenken schien, den Kirchenbehörden meldeten. Daher wurde Luther schon nach kurzer Zeit der Ketzerei geziehen, wodurch ihm nicht nur der Kirchenbann drohte, sondern auch die Reichsacht.

Ungeachtet dieser schrecklichen Strafen beschäftigte sich Luther weiter mit den Dogmen der Kirche, von denen er einzelne öffentlich in Frage stellte. Abgesehen von seinen Ansichten über die Stellung des Papstes als Oberhaupt der Christenheit nahm er vor allem Anstoß an der Geschäftemacherei nicht allein der Kurie, sondern auch an der des Erzbischofs von Mainz, Kardinal Albrecht. Denn dieser hatte die »Instructio Summarium« verfasst, durch die Ablassprediger wie der wortgewaltige Tetzel, die im Land umherreisten, Gelder eintreiben sollten, damit der Kirchenmann seine eigenen Schulden bei den Fuggern zahlen konnte. Der unbedarfte Christ wurde in dem Glauben gewiegt, dass beim Kauf von Ablasszetteln ihm im Jenseits die Sündenstrafen vergeben werden würden, die jede Sünde nach sich zog: »Wenn das Geld im Kasten klingt, die Seele aus dem Feuer springt!«

Dieser Ablasshandel, der auch von Rom aus gesteuert wurde, war für Martin Luther der Funken im Pulverfass. Jetzt trat er zu öffentlichen Disputationen an, in denen er seine Thesen von der Gnade Gottes vertrat, die absolut verkehrte Bußgesinnung, die die katholische Kirche predigte, anprangerte, er forderte eine Reform der Kirche »an Haupt und Gliedern«. In seiner rigorosen Haltung wurde Martin Luther zu einer höchst gefährlichen Person im Reich!

Die Bombe platzte, als Martin Luther am 31. Oktober 1517 seine 95 neuen Thesen an der Schlosskirche zu Wittenberg anschlagen ließ, wobei es nicht gesichert ist, ob er sie nicht auch noch von der Kanzel verlesen hatte. In Windeseile hatte sich diese revolutionäre Tatsache herumgesprochen, Luthers Ansichten wurden heftigst diskutiert, begeistert aufgenommen oder abgrundtief verdammt.

Es konnte nicht ausbleiben, dass Luther in Rom angezeigt wurde, dass Meinung gegen Meinung stand. Papst Leo X. lud den aufrührerischen Theologen nach Rom vor, was für Luther wahrscheinlich den sicheren Tod bedeutet hätte. Aber sein Kurfürst Friedrich der Weise hielt schützend seine Hand über ihn. Der sächsische Kurfürst argumentierte dem Papst gegenüber, dass die Gesundheit Luthers gefährdet wäre, weshalb nur eine Anhörung auf deutschem Gebiet in Frage käme. Der Reichstag von Augsburg stand 1518 vor der Tür, auf dem Luther Kardinal Thomas Cajetan Rede und Antwort stehen sollte. Da Luther nicht bereit war, in der Diskussion seine Ansichten zu widerrufen, stand von vornherein das Urteil fest. Um sich der Auslieferung zu entziehen, verließ er deshalb im Dunkel der Nacht vom 20. zum 21. Oktober 1518 Hals über Kopf Augsburg.

Das Jahr 1519 brachte einen Wechsel der Herrscher im

Reich. Da der junge Enkel Kaiser Maximilians I. zunächst ganz andere Sorgen hatte, als sich um die Thesen eines Martin Luthers zu kümmern, wurde der Theologe nur zum Schweigen verpflichtet, das er zunächst einhielt. Als aber in der Leipziger Disputation die Frage um die Stellung des Papstes aufgeworfen wurde, konnte Luther seine Meinung gegenüber dem aggressiven Professor Eck nicht mehr zurückhalten, wobei Luther erklärte, dass auch Konzile irren könnten – eine Aussage, die an Gotteslästerung grenzte! Es war nur noch eine Frage der Zeit, bis der Papst seine Bannbulle an Luther schicken würde. Sie war mit 15. Juni 1520 datiert. Luther sollte innerhalb von 60 Tagen widerrufen, sonst würde die Exkommunikation auf dem Fuße folgen.

Zunächst gab sich Luther noch friedlich, er widmete Leo X. seine Abhandlung »Von der Freiheit eines Christenmenschen«, was allerdings ohne Wirkung blieb. Seine Bücher wurden öffentlich verbrannt, worauf Luther zum Gegenangriff überging: Vor einer großen Zuschauermenge warf er vor dem Wittenberger Elstertor die Bannbulle des Papstes und verschiedene Schriften der Scholastik ins lodernde Feuer. Nach diesem Frevel wurde Luther am 3. Januar 1521 durch die Bannbulle »Decet Romanorum Pontificem« aus der Kirche ausgeschlossen.

Der Streit zwischen Luther und den Kirchenbehörden erregte im Reich ungewöhnliches Aufsehen, da die Buchdruckerkunst es ermöglichte, dass Luthers Schriften überall, sogar in anderen Sprachen im In- und Ausland verbreitet wurden. Der Kaiser konnte nicht länger schweigen! Die Situation spitzte sich für Karl V. von Tag zu Tag mehr zu. Gedrängt durch den sächsischen Kurfürsten Friedrich erklärte sich der Kaiser einverstanden, Luther vor den Reichstag von Worms im Mai 1521 vorladen zu lassen. Es war die letzte Möglichkeit, für Luther seine Thesen zu widerrufen. Wie nicht anders zu erwarten war, blieb Luther bei seiner Überzeugung mit der Begründung: »[Da] … mein Gewissen in den Worten Gottes gefangen ist, ich kann und will nichts widerrufen, weil es gefährlich und unmöglich ist, etwas gegen das Gewissen zu tun. Gott helfe mir. Amen.«

Eigentlich hatte Luther mit seinen Worten sein eigenes Todesurteil verkündet. Im »Wormser Edikt«, das der Kaiser über ihn verhängte, wurden seine Schriften verboten, niemand durfte ihn beherbergen und unterstützen. Er wurde für vogelfrei erklärt, allerdings hielt man sich an die Zusage des freien Geleits, anders als seinerzeit bei Jan Hus, der auf dem Scheiterhaufen trotz der Garantie des Kaisers verbrannt wurde. Luther konnte unbehelligt abziehen. Kurfürst Friedrich der Weise traute aber dem Frieden nicht so recht. Daher gab er den Befehl, Martin Luther von seinen Mannen überfallen zu lassen, um ihn auf die Wartburg in Sicherheit bringen zu können. Hier konnte er in Ruhe und Abgeschiedenheit seinen Plan, die Bibel, die für ihn die Grundlage seines christlichen Denkens war, in eine allgemein verständliche Sprache zu übersetzen, verwirklichen, wobei er den Dialekt seiner Heimat wählte, in dem sich nord- und süddeutsche Elemente vereinigten. Durch die Bibelübersetzung, die rasche Verbreitung fand, wurde Martin Luther zum Schöpfer einer einheitlichen deutschen Sprache.

Seine Bibel ist der erste Bestseller der Weltliteratur.

Ein Verbrechen an den Bewohnern, der Stadt und der gesamten Menschheit

Die Untaten, die deutsche und spanische Söldner in ihrer Geldgier und ihrem Blutrausch in Rom begingen, gehörten zu den schrecklichsten Gräueln, die Menschen jemals anderen zufügten. Der »Sacco di Roma« erschütterte in nur einer Woche die Stadt in ihren Grundfesten.

Alles, was nicht niet- und nagelfest war, wurde von den Söldnertruppen des kaiserlichen Heeres im Mai 1527 weggeschleppt oder vernichtet. Wie ein Schwarm hungriger Heuschrecken hatten sich 24.000 Mann über Rom gestürzt, um die Stadt und die Bewohner bis zum Letzten auszupressen.

Karl V. war seinen aus Deutschland und Spanien stammenden Truppen schon über längere Zeit den Sold schuldig geblieben, denn die Einkünfte an Gold und Silber aus den überseeischen Gebieten trafen nur sehr zögerlich ein, sodass sich der Kaiser in echter Geldnot befand. Dazu kamen seine diversen Kriegszüge gegen seinen Erzfeind, den französischen König Franz I. von Frankreich, die Karl V. zwar siegreich beenden, aber kein Kapital daraus schlagen konnte. Obwohl er nicht nur die Schlacht bei Pavia gewonnen und auch den französischen König geschlagen und gefangen genommen hatte, blieb Franz I. durch sein listenreiches Verhalten der eigentliche Sieger in dem Ringen. Denn kaum hatte er die Freiheit wieder erlangt, widerrief er alle Vereinbarungen, die er im Frieden von Madrid 1526 unterzeichnet hatte, wonach er keinen Anspruch mehr auf die italienischen Fürstentümer haben sollte. Auch Papst Clemens VII. blieb nicht neutral, sondern schlug sich auf die Seite Frankreichs und erteilte Franz I. offiziell die Absolution für seinen Vertragsbruch. Insgeheim fürchtete nämlich der heilige Vater ein zu großes Erstarken des habsburgischen Königs. Und da der Papst noch andere Eisen im Feuer hatte, schloss man sich gegen Karl V. in der Liga von Cognac zusammen, der der Herzog von Mailand, die Republik Venedig und noch einzelne oberitalienische Kleinstaaten angehörten. Außerdem knüpften die Feinde Karls V. heimlich Bande zum türkischen Sultan, sodass man damit rechnen konnte, dass die Türken den Habsburgern an den Ostgrenzen des Reiches das Leben schwer machen würden.

Auch der englische König Heinrich VIII. hatte größtes Interesse, mit Papst Clemens VII. ein herzliches Einvernehmen zu pflegen, wobei er weniger politische Ziele verfolgte, sondern sich offiziell von seiner ersten Gemahlin Katharina von Aragon trennen wollte und das Einverständnis des Papstes zu diesem für ihn wichtigen Schritt von großer Bedeutung war. Die Vormachtstellung der Habsburger in Europa war durch diese Konstellationen zwar nicht in Frage gestellt, hing aber doch an verschiedenen seidenen Fäden. Nur ein starkes Heer konnte alle Schwierigkeiten beseitigen.

Die kaiserlichen Truppen bestanden zu dieser Zeit fast ausschließlich aus Söldnern, die aus Deutschland und Spanien angeworben worden waren. Für diese Männer gab es weder Ehre noch Vaterland, Geld war das einzige, was für sie zählte. Solang Karl V. zahlte, gab es keine Probleme mit den Kriegsleuten, die von einem Deutschen, Georg von Frundsberg, angeführt wurden. Als aber die Geldquellen des Habsburgers versiegt waren, kam es zu Revolten innerhalb der wahllos zusammengewürfelten Haufen. Georg von

Frundsberg versuchte die Landsknechte zur Vernunft zu bringen, wobei er schnell erkannte, dass dies nicht möglich sein würde. Vor Aufregung erlitt er einen Schlaganfall, sodass er nicht mehr in der Lage war, die Oberaufsicht über die Truppen zu führen. Das Kommando übernahm zunächst Charles III. von Bourbon, ein französischer Überläufer, der aber – völlig machtlos – zusehen musste, wie sich die Söldner in ungeordneten Haufen zunächst auf die Stadt Florenz zu bewegten. Dort waren allerdings starke Truppenverbände der Liga von Cognac stationiert, denen es gelang, nicht nur die Stadt zu halten, sondern auch die Söldner davon zu überzeugen, dass das reiche Rom ein besseres Angriffziel wäre als das ohnehin durch viele Missernten ausgehungerte Florenz. Sengend und brennend zogen die 24 000 Mann durch die oberitalienischen Dörfer und Städte, bis sie endlich, ohne die Anordnungen ihres bourbonischen Führers zu akzeptieren, vor den Toren der ewigen Stadt standen. Bevor man sich aber auf die sagenhaften Reichtümer der römischen Bevölkerung stürzte, wollte man zuerst einmal den Papst gehörig schröpfen. Deshalb sandte man eine Abordnung zu Clemens VII., die von ihm 250 000 Dukaten forderte. Der Papst schätzte die prekäre Situation, in der er sich und die Stadt befanden, völlig falsch ein. Mit einem Handstreich verweigerte er die Zahlung. Daraufhin begannen am 6. Mai 1527 die Truppen mit der Erstürmung der Stadt von zwei Seiten. Einer der ersten Gefallenen war der völlig überflüssige Heerführer Charles III., dem die Kontrolle längst entglitten war. Angeblich rühmte sich der Künstler Benvenuto Cellini, den Bourbonen mit einer Kugel getroffen zu haben.

Die Verteidiger Roms waren chancenlos. Völlig entfesselt fielen die kaiserlichen Truppen über die Stadt her, töteten wahllos Männer, Frauen und Kinder, sodass ein Zeitgenosse berichtete, dass man »beim Gehen auf den Straßen vor lau-

ter Leichen das Pflaster nicht mehr sah«. Wer sofort niedergemetzelt wurde, konnte fast noch dem Schicksal dankbar
sein, denn die geldgierigen Söldner folterten die meisten
Besitzenden so lange, bis sie die Verstecke ihrer Geld- und
Goldschätze preisgaben, um sie dann ebenfalls umzubrin-
gen. Ein Hauptziel der Soldateska waren die Kirchen und
Kathedralen, wo sie es vor allem auf die Goldpokale abgesehen hatte. Man riss die kostbaren Gemälde von den Wänden und zertrampelte sie, wenn man anderweitig zu wenig
fand, womit man sich bereichern konnte. Unschätzbare
Werte aus Jahrhunderten wurden so für die Menschheit
durch rohe Brutalität vernichtet, lediglich die Vatikanische
Bibliothek konnte im letzten Moment vor den vandalischen
Horden gerettet werden. Man schreckte nicht davor zurück,
Gräber aufzubrechen, um nach Juwelen zu suchen, und
schleppte die goldbestickten schweren Messgewänder auf
die Straßen, hängte sie Huren um, die dann grölend auf
Eseln inmitten von Landsknechten, die als Kardinäle ver-
kleidet waren, durch die Stadt zogen. Man schändete als
Scherz die Apostelhäupter, raubte die Spitze der heiligen
Lanze, die von einem Söldner auf seinen Spieß gesteckt
wurde, sowie den Strick, an dem sich angeblich Judas auf-
gehängt hatte. Ein deutscher Landsknecht nahm ihn als
Souvenir aus Rom mit nach Hause. All dies war aber der in
einen wahren Rausch geratenen Soldateska noch viel zu
wenig: Man zog einem Esel geistliche Gewänder an, um
dann einen Priester zu zwingen, dem auf Knien liegenden
Esel die Hostie zu geben. Der Geistliche verschluckte in seiner Panik die Hostie, bevor er zu Tode gequält wurde.

Als man in der total verwüsteten Stadt keine beweglichen
Gegenstände mehr fand, die man den unglücklichen Besit-
zern hätte rauben können, kam man auf die Idee, dass sich
jeder Gefangene – und beinahe alle Bewohner der Stadt

Rom waren in Gefangenschaft geraten – freikaufen müsse, ob er konnte oder nicht. Während die Söldner rund um die Uhr die wüstesten Orgien feierten, setzten sie in volltrunkenem Zustand die Höhe des Lösegeldes fest oder würfelten über die Summe, die einer zahlen musste, um Leib und Leben doch noch zu erhalten. Denn die Hälfte der Bevölkerung war in nur einer Woche ohnedies schon ermordet worden.

Es war die schrecklichste Plünderung der ewigen Stadt in der Geschichte. Wie durch ein Wunder überlebte der Papst dieses entsetzliche Massaker, das er vielleicht hätte verhindern können. Inwieweit Karl V. über die Vorgänge in Rom informiert war, bleibt dahingestellt. Aber die Großen der Zeit arrangierten sich, der Papst, der durch die kaiserlichen Truppen in Lebensgefahr geraten war, weigerte sich nicht, als es für ihn opportun erschien, König Karl wenige Jahre später zum Kaiser zu krönen. Allerdings fand diese Zeremonie am 24. Februar 1530 nicht in Rom statt, sondern in Bologna. Der neue Kaiser hätte sich wahrscheinlich in Rom nicht zeigen dürfen!

Erst der Bruder erlöste die Schwester

Bis zum Eintreffen ihres Bruders Karl in Tordesillas lebte die kleine Katherina in den bedrückenden Räumlichkeiten ihrer geisteskranken Mutter, die das Kind Tag und Nacht um sich haben wollte.

Den Anblick der kleinen Schwester, die zusammengekauert in einem Winkel des düsteren Zimmers saß und nicht wusste, wer die beiden fremden jungen Leute waren, sollten Karl, der spätere Kaiser Karl V., und seine Schwester Maria nie vergessen. Nach dem Tod des Großvaters hatten sie beschlossen, die ihnen fremd gewordene Mutter in Nordspanien zu besuchen, von der behauptet wurde, dass sie völlig von Sinnen sein solle.

Tatsächlich hatte sich Juana nach dem frühen Tod ihres geliebten Mannes Philipp des Schönen mehr als eigentümlich ihrer Umgebung gegenüber verhalten, sodass selbst der eigene Vater Ferdinand von Aragon sie kaum als handlungsfähig bezeichnete. Freilich waren in dieser Zeit, wo es um die Herrschaftsansprüche der einzelnen Familienangehörigen ging – immerhin war Juana nach dem Tod ihrer Mutter Isabella von Kastilien Königin dieses Landes – leicht möglich, durch geschickt ausgestreute Gerüchte jemanden in Misskredit zu bringen. Aber das Verhalten der jungen Königin, die einige Monate nach dem Tod ihres Mannes 1506 noch einer Tochter das Leben geschenkt hatte, war derart ungewöhnlich, sodass niemand etwas dabei fand, dass Juana nach Tordesillas gebracht, wo sie wie eine Gefangene gehalten wurde. Das einzige, was ihr aus früheren Zeiten geblieben war, war ihre kleine Tochter Katharina. Das Leben, das dieses Kind Tag und Nacht führte, war alles andere als kindgemäß, es erlebte die ununterbrochen sich wandelnden Stimmungen ihrer Mutter, die Zornesausbrüche, denen tagelange Depression folgte. Dabei behandelte man das Mädchen nicht wie ein Kind, man gab ihm keine Spielsachen oder Dinge, mit denen es sich beschäftigen konnte. Ein Tag war für Katharina wie der andere, die Mutter war die einzige Bezugsperson, bis zu dem Tag, an dem die Geschwister plötzlich an die Tore pochten.

Karl und Maria waren nicht nur über den Geisteszustand der Mutter entsetzt, obwohl Juana ihre beiden Kinder zwar nicht auf den ersten Blick, aber dennoch erkannte. Das Los der kleinen Schwester bestürzte sie zutiefst, sodass Karl sofort Anweisungen gab, Katharina von der Mutter zu trennen. Dabei erkannte er instinktiv, dass es wahrscheinlich unmöglich sein würde, Katharina vor den Augen Juanas aus dem Raum zu entfernen. Man musste warten, bis die Mutter schlief, um Katharina in eine andere Umgebung zu bringen. Dabei hatten weder Karl noch Maria damit gerechnet, dass die kleine Schwester Widerstand leisten würde, aber sie war zu eng an die Mutter gebunden, sodass sie sich weigerte, in einer anderen Umgebung zu leben. Als Juana bemerkte, dass man ihr auch den letzten Trost genommen hatte, fing sie so zu toben an, dass man um ihr Leben fürchten musste. Sie weigerte sich tagelang zu essen und zu trinken, denn sie wollte vor Schmerz über den Verlust des geliebten Kindes sterben!

Diese Reaktion der Mutter war auch für Karl zu viel. Er gab nach und ordnete an, dass Katharina auch weiterhin in der Umgebung der Mutter sein durfte, allerdings sollte sie viel Zeit in ihren eigenen Räumen verbringen, wohin auch Spielgefährten in ihrem Alter eingeladen wurden.

Es war für beide, für die Mutter, aber auch für Katharina, eine schwierige Zeit, die auf sie zukam, denn auch das Kind war nicht gewöhnt, mit anderen Menschen Umgang zu pflegen. Es dauerte Monate, bis Katharina in der Lage war, sich an das Leben einer königlichen Prinzessin zu gewöhnen, zu viel war für sie fremd und neu, angefangen von den Domestiken, die sie plötzlich umgaben und denen gegenüber sie ihre Wünsche äußern konnte, die dann in Erfüllung gingen. Aber Katharina war ein intelligentes Kind, das alles begierig aufnahm und begeistert lernte. Der königliche Bruder hatte die besten Lehrer für die Schwester engagieren lassen, denn für ihn stand es damals schon fest, dass Katharina auf dem internationalen Heiratsmarkt einen interessanten Stellenwert haben würde. Dabei hatte Karl als Ehemann für die Schwester den König von Portugal, Johann, im Auge, da eine Verbindung zu diesem Nachbarland in der Zukunft von unschätzbarem Wert sein würde.

Im Laufe der Jahre war aus dem schüchternen Kind eine gebildete junge Frau geworden, die an Kunst und Wissenschaft interessiert war und die ihre Umgebung immer wieder durch ihr realistisches politisches Gespür überraschte. Daher sträubte sie sich auch nicht gegen die von ihrem Bruder eingefädelte Ehe mit Johann III., einem abenteuerlichen jungen Mann, dem die Seefahrt ganz besonders am Herzen lag. Katharina hatte zwar 1524 den König eines kleinen europäischen Landes geheiratet, das aber zu dieser Zeit durch die Entdecker, die nicht nur Gold in die Heimat mitbrachten, sondern vor allem die heiß begehrten Gewürze, steinreich geworden war. Die Portugiesen waren allen anderen Seemächten bei weitem überlegen, da sie genau wussten, wo sich die unermesslichen Schätze auf dieser Welt befanden. Unter der Regierung von König Johann wurde Brasilien fester Bestandteil des portugiesischen Reiches genauso wie die Molukken und wichtige Stützpunkte im Arabischen Meer.

Dass die Portugiesen nicht nur die überseeischen Länder in Besitz nahmen, sondern ihnen auch den katholischen Glauben aufzwangen, ging in erster Linie auf Katharina zurück, die von Kindesbeinen an streng religiös erzogen worden war. Es war verhängnisvoll für die Zukunft, dass die katholische Religion mit Feuer und Schwert verbreitet wurde und mit ihr die Inquisition, die vor allem die Juden und die unter Zwang zum christlichen Glauben übergetretenen Cristaos-Novos verfolgten. Der Denunziation und dem Spitzelwesen waren Tür und Tor geöffnet. Dabei geriet Katharina sicherlich selber des Öfteren in Gewissenskonflikte, da sie sich intensiv für die neuen wissenschaftlichen Entdeckungen interessierte, über die sie sich laufend informieren ließ. Und da ihr Gemahl Johann über längere Zeit hinweg kränkelte, übertrug er Katharina die Regierungsgeschäfte für den Enkel Sebastian, dessen Vater viel zu früh gestorben war.

Unter der Regentschaft Katharinas blühte das Land auf, sie ließ die Universität Evora gründen, rief namhafte Künstler und Wissenschaftler ins Land. Dank der guten Nachbarschaft zu Spanien konnte sich der Staat im Inneren stabilisieren, sodass Sebastian dereinst ein blühendes Land hätte regieren können, wäre er nicht von dem Wahn befallen gewesen, sein Reich in Nordafrika ausdehnen zu wollen. Der junge, ungewöhnlich schöne junge Mann verlor eine Schlacht auf afrikanischen Boden und wurde anschließend von den Beduinen grausam zu Tode gemetzelt.

Um die gute Freundschaft zu Spanien noch mehr zu festigen, wurde natürlich wieder eine Heirat innerhalb der habsburgischen Familie vereinbart: Katharinas Tochter Maria Manuela sollte die Gemahlin des jungen Philipp werden, des einzigen Sohnes von Karl V. Diese Eheschließung brachte, wie so viele, kein Glück. Die junge Maria starb bei der Geburt ihres ersten Kindes Don Carlos, das behindert zur Welt gekommen war.

Es war für eine Frau in der damaligen Zeit höchst ungewöhnlich, die Regierungsgeschäfte tagaus, tagein zu führen. Auch Katharina merkte nach dem Tode ihres Mannes, dass sie alleine auf die Dauer nicht die ganze Verantwortung für den Staat übernehmen konnte. Daher setzte sie ihren Schwager Kardinal Heinrich zum Mitregenten bis zur Volljährigkeit ihres Enkels ein. Es gab allerdings zu wenig Konsens zwischen den beiden, sodass sich Katharina beinahe von heute auf morgen entschloss, die Regierungsgeschäfte niederzulegen und sich in ein Kloster zurückzuziehen. Sie vergrub sich für die Welt zwar hinter dicken Mauern, konnte es aber nicht lassen, weiterhin ihre politischen und privaten Fäden zu ziehen.

Katharina, die jüngste Tochter von Juana la Loca und Philipp dem Schönen wurde uralt. Als sie mit 71 Jahren starb, behütete das Schicksal sie davor, das unrühmliche Ende ihres geliebten Enkels Sebastian miterleben zu müssen.

Die lachenden Erben waren – wie hätte es bei der Heiratspolitik innerhalb der Familien anders sein können – die Habsburger.

Der Sultan war ein treuer Ehemann

*Als Sultan Süleyman I. in seinem stattlichen Harem
die reizende Roxelane, die man als Sklavin auf dem
Markt von Istanbul verkauft hatte, mit ihrem leuchtend roten Haar erblickte, war es um ihn geschehen.
Fortan wollte er sein Leben nur an ihrer Seite verbringen. Gegen jede türkische Sitte heiratete er sie.*

Sultan Süleyman war bei seinem Regierungsantritt erst 16
Jahre alt gewesen, war aber damals schon ein gebildeter junger Mann, der die Gesetze des Landes vorzüglich kannte
und sie auch vollzog. So hatte sein Großvater Mehmed II.
die Thronfolge folgendermaßen geregelt: »… jedem meiner
Abkömmlinge ist es, wenn er das Sultanat erlangt, im Hinblick auf die Ordnung der Welt gestattet, seine Brüder zu
töten.« Süleyman hielt sich an diese Verordnung und ließ
seine vier Brüder und seine sieben Neffen mit der empfoh-
lenen seidenen Schnur erdrosseln und sicherte sich damit die
Alleinherrschaft über das gewaltige osmanische Reich, das
fast von den Säulen des Herkules über Nordafrika bis an den
Euphrat und Tigris reichte.

Seit der Schlacht auf dem Amselfeld im Jahre 1389 waren
die Osmanen auch in Europa zu einer echten Bedrohung
geworden, sodass man überall am Bericht des veneziani-
schen Gesandten interessiert war, der Süleyman folgendermaßen beschrieb: »Er ist nicht älter als fünfundzwanzig
Jahre, groß und sehnig, er hat einen langen Hals und ein
mageres, sehr bleiches Gesicht. Er hat nur den Anflug eines
Schnurrbartes und bemerkenswert angenehme Umgangfor-

men. Man sagt von ihm, daß er ein weiser Herrscher ist, sehr den Wissenschaften ergeben, und Menschen aller Art erhoffen von seiner Regierungszeit viel Gutes.« Andere sahen ihn düster und verschlossen, aber alle waren sich darin einig, dass Süleyman, der, wie es die Familientradition vorschrieb, das Handwerk eines Goldschmiedes erlernt hatte, ein kluger Mann war, der neben dem Osmanischen noch Arabisch, Persisch und einen türkischen Dialekt beherrschte. Er beschäftigte sich nicht nur mit den Philosophen in seinem Umkreis, sondern schrieb selber kleine Gedichte, sodass man hätte meinen können, mit Süleyman wäre ein friedfertiger Herrscher auf den Sultanthron gekommen.

Der erste Eindruck, den man in Europa von Süleyman hatte, war trügerisch, denn er führte konsequent die Machtpolitik seines Vaters fort. Sein erstes Ziel war die Eroberung von Rhodos, das im Besitz des Johanniter Ordens war. Aber die kleine Insel im Mittelmeer war für Süleyman eher ein Nebenkriegsschauplatz, denn sein Hauptaugenmerk galt dem Westen. Hier hatten ihm sowohl der französische König als auch der Papst und sogar der Herzog von Bayern Avancen gemacht und Bestechungsgelder nach Istanbul gesandt, denn mit türkischer Hilfe würde es ihnen gelingen, den Habsburgerkaiser Karl V. und dessen Bruder Ferdinand nach ihrer Pfeife tanzen zu lassen. Diese Idee gefiel dem Sultan, dem es nicht schwer fiel, 100 000 Mann, unter ihnen die besonders grausamen Janitscharen, zu rekrutieren. Unaufhaltsam drangen die Türken nach Westen vor und verwickelten den jungen König von Ungarn und Böhmen, Ludwig II., in einen für ihn aussichtslosen Kampf bei Mohacs 1526. Erst jetzt, als überall die schrecklichsten Gerüchte über die Gräueltaten der Osmanen verbreitet wurden, gingen auch den Sympathisanten Süleymans die Augen auf. Aber noch war man nicht bereit, ein schlagkräftiges

Heer nach Wien zu schicken, um dieser Stadt, die unbedingt der Endpunkt des türkischen Siegeslaufs sein musste, zu Hilfe zu kommen. Daher grenzte es im Jahr 1529 beinah an ein Wunder, dass die Verteidiger Wiens die fünffache Menge der Türken abwehren konnten. Spät sah Süleyman die Aussichtslosigkeit des Unternehmens ein. 40 000 Tote hinterlassend zog er sich in die ungarische Tiefebene zurück. Vom Westen hatte er vorübergehend genug!

In Asien ergab sich ein neues Eroberungsfeld, wo die türkischen Truppen siegreich sein konnten, im Juli 1534 wurde die damalige persische Hauptstadt Täbris eingenommen und schon einige Monate später Bagdad. Zur selben Zeit war auch die türkische Flotte im Mittelmeer aktiv, eroberte Tunis, das aber schon im nächsten Jahr, 1535, durch die Truppen Kaiser Karls V. verloren ging.

Süleyman war weit davon entfernt, mit dem Kaiser oder dessen Bruder König Ferdinand Frieden zu schließen. Immerhin stand der Südosten Europas unter seiner Oberhoheit, wo er den Ban von Siebenbürgen, Jan Zapolya, bestätigte, den man in Siebenbürgen zum König gewählt hatte.

Kein Habsburger Kaiser konnte in den nächsten Jahren und Jahrzehnten ruhig schlafen, die Türken standen nach wie vor Gewehr bei Fuß und unternahmen willkürlich ihre Raubzüge, die keiner verhindern konnte. Auch die hohen Tributzahlungen, die der Sultan gefordert hatte, verbesserten die Situation kaum. Als 1547 ein Waffenstillstand für fünf Jahre vereinbart wurde, kostete dies das Reich 50 000 Dukaten jährlich, die kostbaren Geschenke, die bei der Überreichung der Geldbeträge zudem noch erwartet wurden, nicht eingerechnet. Für die Überbringer war die Aufgabe höchst gefährlich, denn sie mussten gewärtig sein, beim Sultan irgendwie in Ungnade zu fallen, was den sicheren Tod bedeutete. Daher war es nur allzu verständlich, dass man lange suchen musste, um einen Menschen zu finden, der gegen hohe Bezahlung dieses Risiko für Leib und Leben auf sich nehmen wollte. Und da kaum einer sich nach Istanbul wagte, erzählte man sich wahre Wunderdinge vom Luxus am türkischen Hof, von der seltsamen orientalischen Lebensart und vor allem vom Harem, in dem bis zu 300 auserwählte Damen auf die Gunst des Sultans warteten. Bei dieser Auswahl war es für alle, die den Sultan näher kannten, unverständlich, dass sich Süleyman beinah Hals über Kopf in die junge schöne Roxelane verliebte, nachdem er schon Gulbehar, der man den Beinamen »die Frühlingsblüte« gegeben hatte, zur Hauptfrau ernannt hatte und die auch die Mutter seines Sohnes Mustafa war. Aber Roxelane hatte den Sultan verzaubert, sie hatte sein Herz erobert, mit ihr wollte er fortan leben. Um dies auch offiziell kund zu tun, entschloss er sich zu einem ungewöhnlichen Schritt: Er heiratete Roxelane gegen jede islamische Tradition. Sir George Young, ein Brite, der am türkischen Hofe weilte, schilderte die Hochzeit: »Diese Woche hat hier in der Stadt ein ganz außergewöhnliches Ereignis stattgefunden, das in der Geschichte der Sultane unbedingt ohnegleichen ist. Der Große Gebieter Süleyman hat eine Sklavenfrau aus Rußland, eine gewisse Roxelana, zu seiner Kaiserin gemacht, und es gab ein üppiges Fest. Die Zeremonie fand im Serail statt, und die Festlichkeiten sprengten jeden bislang gekannten Rahmen … Man redet eine Menge über die Hochzeit und niemand kann sagen, was sie eigentlich bedeutet.«

Nur einer wusste dies anscheinend ganz genau, denn Süleyman blieb seiner Roxelane auch über deren Tod hinaus treu. Sie hatte im Laufe der Zeit über ihre zärtlichen Briefe, die sie ihm auf seinen Feldzügen sandte, großen Einfluss erlangt, sodass man sogar munkelte, die rothaarige Frau habe ihn verhext! Daher schob man ihr die Ermordung Mustafas in die Schuhe, aber auch die aufkommende Rivalität ihrer eigenen Söhne, bei der es um Sein oder Nichtsein ging.

Die meiste Zeit seines Lebens war der Sultan nicht im Lande und seiner liebenden Gattin blieben nur seine zärtlichen Briefe, die man einem Mann wie ihm niemals zugetraut hätte. So schrieb ein kompromissloser Herrscher, der Tausende Köpfe rollen gesehen hatte, folgende Zeilen: »Meine Geliebte, du bist das Licht und ich der Falter deiner Liebe. Wie wenn man im Rosengarten der Schönheit einen Herzvogel fangen wollte, so ist der Zustand eines Liebenden, der sich im Netz der Liebe verfangen hat.«

Roxelane starb acht Jahre vor ihrem Gemahl, der nach einem Aufstand seiner Söhne gegen ihn nicht verhindern konnte, dass der einzig überlebende, völlig unfähige Sohn Selim II., ein Säufer, seine Nachfolge antrat. Süleyman der Prächtige fand sein Ende in Ungarn am 5. September 1566, nachdem er 46 Jahre lang Europa in Angst und Schrecken versetzt, aber auch in Istanbul durch seine weise Regierung zur Blüte der osmanischen Kultur beigetragen hatte.

Ein Mädchen im Strudel der Zeit

*Schlechter hätte es das Schicksal mit Caterina de'
Medici nicht meinen können, denn nur 15 Tage nach
ihrer Geburt am 13. April 1519 starb ihre Mutter an
den Folgen der schweren Entbindung und Anfang
Mai wurde ihre Vater zu Grabe getragen.*

In den folgenden Jahren wurde das Kind zum Spielball der
europäischen Politik, denn eine geborene Medici durfte
nicht damit rechnen, unbeachtet ihre Jugendzeit verbringen
zu können. Caterina war nicht nur ein ungewöhnlich reiches
Mädchen, sondern verwandtschaftliche Bande verknüpften
sie auch mit den jeweiligen Päpsten, sodass sie schon in sehr
jungen Jahren Beachtung auf dem internationalen Parkett
fand.

Ihr Onkel Papst Leo X. hatte nach dem plötzlichen Tod
ihrer Eltern die Vormundschaft über das Kind übernommen
und ließ es, um auf Nummer sicher zu gehen, nach Rom
bringen, denn kaum hatte Caterinas Vater die Augen für
immer geschlossen, als der französische König die Absicht
kund tat, das Waisenkind nach Frankreich zu holen, um ihm
am französischen Hof eine standesgemäße Erziehung
zukommen zu lassen. Da aber die Päpste in ihrem Verhalten sowohl zum König von Frankreich als auch zu Kaiser
Karl V. ein äußerst zwielichtiges Verhältnis an den Tag legten, wollte Leo X. seine Nichte in der Nähe haben. Zu allem
Unglück starb aber der Medici-Papst 1521 und die Konklave
beschloss, nicht wieder einen Vertreter dieses Hauses zum
Nachfolger auf den Stuhle Petri zu wählen. Caterina wurde

mit ihrem Gefolge nach Florenz zurückgebracht, wo sie auch unter dem nächsten Papst Clemens VII., der ein Bruder ihres Urgroßvaters gewesen war, blieb.

Natürlich hatte dieser umstrittene Papst, unter dessen Amtszeit es zu den wankelmütigsten Bündnissen kam, nicht das Glück Caterinas im Auge, sondern er beabsichtigte, sie möglichst günstig in Europa zu verheiraten, um seine Interessen durchzusetzen. Der Papst hatte einen wahren Trumpf in seinem Talon!

Aber in jener wirren Zeit konnte niemand die Zukunft wirklich vorhersagen und so war es auch nicht zu erwarten, dass die Eroberung Roms durch die kaiserlichen Truppen im Mai 1527 ihre Wirkung auch auf Florenz haben würde. Es kam in der Stadt am Arno kurzfristig zu Ausschreitungen und zur Ausrufung der Republik, alles wandte sich gegen den herrschenden Adel, die Lage war für Caterina lebensbedrohlich geworden. Man brachte das Kind auf Veranlassung des französischen Botschafters in den Konvent Santa Maria Annunziata delle Mute, wo es wenigstens seines Lebens sicher sein konnte, denn die Äbtissin war die Taufpatin Caterinas gewesen. Hier wuchs sie zwar nicht zu einem schönen, aber gebildeten jungen Mädchen heran, das sich in den internationalen Salons nicht zu verstecken brauchte. Caterina wurde in den weiblichen Tugenden unterrichtet, sie lernte Französisch, Latein und Griechisch, daneben zeigte sie eine große Vorliebe für Mathematik und Kräuterheilkunde, was man ihr später besonders ankreiden sollte.

Im Jahre 1529 hatte sich das Rad der Geschichte wieder um eine Speiche gedreht, der Papst söhnte sich mit Karl V. aus, den Habsburger lockte die offizielle Krönung zum Kaiser, während Clemens als Gegengabe die Einsetzung seines illegalen Sohnes Alessandro de' Medici zum Herzog von

Florenz verlangte. Noch bevor die Absprachen beendet waren, überlegte man in Florenz, wie die Zukunft der elfjährigen Caterina, die den Republikanern wie ein Klotz am Bein hing, aussehen sollte. Es wurden verschiedene Vorschläge unterbreitet, um das Mädchen los zu werden. Einige Republikaner meinten, sie sollte nackt in einem Korb an der Stadtmauer hinunter gelassen werden, an der Stelle, wo die kaiserlichen Kanonen am heftigsten feuerten, sodass sie auf alle Fälle im Kugelhugel zu Tode kommen würde. Nach der Vorstellung von anderen perversen Hirnen sollte sie zur Hure gemacht und als Prostituierte in einem einschlägigen Etablissement zur Arbeit gezwungen werden, sodass kein ehrhafter Mann mehr auf die Idee kommen würde, sie zur Frau zu begehren. Das Schicksal war Caterina ausnahmsweise gnädig. Denn als ein Trupp Republikaner sie abholte, um sie in ein anderes Kloster zu bringen, dachte sie, sie würde zur Exekution geführt. Mit kahl geschorenem Kopf und einem Nonnengewand bekleidet wurde das Kind gezwungen, auf einem Esel durch Florenz zu reiten, wobei es von der aufgebrachten Bevölkerung bespukt und geschmäht wurde.

Nachdem sich die Situation in Italien einigermaßen beruhigt hatte, wurde Caterina wieder nach Rom gebracht, wo sie halbwegs sicher war. Außerdem wusste man, dass ihr Verweilen in der ewigen Stadt nicht von langer Dauer sein würde, denn immer öfter klopften Heiratskandidaten an die Tore des Vatikans. Aber die meisten Kandidaten hatten für Clemens VII. irgendeinen Makel, sodass erst der zweitgeborene Sohn des französischen Königs Franz I. das Rennen machte. Für den König von Frankreich war Caterina trotz ihres Vermögens nichts anderes als eine »italienische Krämerstochter«, aber immerhin stand sein Sohn Heinrich nicht an erster Stelle in der Thronfolge. Aus diesem Grund war für ihn eine reiche Braut weitaus attraktiver als ein mittelloses Mädchen von hohem Stand.

Die Verhandlungen zwischen dem französischen König und Papst Clemens VII. fanden in aller Heimlichkeit statt, denn keiner von beiden konnte voraussagen, wie sich der Habsburgerkaiser zu diesen Eheplänen, in denen es vor allem um den französischen Einfluss in Oberitalien ging, verhalten würde. Obwohl Karl V. gerüchteweise etwas von den Heiratsplänen kolportiert worden war, schenkte er diesen wenig Beachtung. Zu viel hatte schon Franz I. versprochen und gebrochen, als dass man seinen Plänen hätte Glauben schenken können.

Daher war es beinah eine Sensation, als die Hochzeit der beiden erst 14-jährigen Kinder in Nizza im Oktober 1533 stattfand. Das Fest wurde prunkvoll gefeiert, die genauen Zeremonien, die eines amtierenden Königs würdig gewesen wären, wurden minutiös eingehalten, allein der Einzug des französischen Königs in die Stadt mit 300 Bogenschützen und 200 Soldaten, umgeben von der in Samt und Seide gekleideten Schweizer Leibwache, wurde für die staunende Menschenmenge zu einem echten Spektakel. Auch Caterina war nicht wie ein Mädchen vom Lande in Nizza erschienen, 40 Schiffe waren nötig, um ihre Mitgift in ihre neue Heimat zu bringen, kein Geringerer als der Papst persönlich begleitete seine Urnichte, gefolgt von 13 Kardinälen und einer großen Anzahl von Bischöfen und hohen Würdenträgern. Die französischen Gastgeber hatten die italienischen Gäste in komfortablen Palästen untergebracht und eigens einen Holzpalast als Verbindung zu ihrem Domizil erbauen lassen, damit Franz I. und Clemens VII. unbeobachtet zu ihren Geheimgesprächen schreiten konnten.

Es war an alles gedacht worden, auch an die Kleider und den Schmuck, den Caterina an ihrem Hochzeitstag tragen sollte. Isabella d'Este, die Grand Dame der Renaissance, hatte die Roben ausgewählt, die Caterina in Zukunft am französischen Hof tragen sollten. Unter den Schmuckstücken befand sich auch ein Paar Ohrringe, das Geschichte machen sollte. Die Perlen erregten überall Aufsehen und als Caterina nach einem passenden Geschenk für ihre Schwiegertochter suchte, schenkte sie Maria Stuart, die mit Caterinas ältestem Sohn verheiratet war, diese prachtvollen Ohrgehänge, die sie nach dem frühen Tod ihres Gemahls nach Schottland mitgenommen hatte. Als ihr Kopf im Schloss Fotheringhay fiel, schreckte Königin Elisabeth I. nicht davor zurück, selber die Perlen an ihre Ohren zu stecken!

An alles Erdenkliche war bei diesen Hochzeitsfeierlichkeiten gedacht worden, nur nicht an den Seelenzustand der beiden jungen Leute, die alles über sich ergehen lassen mussten, ob sie wollten oder nicht. Sie wurden auch nach der Trauungszeremonie und dem Fest, das dann folgte, unter eine Bettdecke gesteckt, wo man sie am nächsten Tag noch immer nebeneinander schlafend gemeinsam fand, was vor allem den Papst beglückte. Er segnete Caterina und Heinrich noch einmal, da er wahrscheinlich doch erkannt hatte, dass beide zu einem gemeinsamen Leben die Huld des Himmels dringend brauchen würden.

Eine rothaarige Sklavin
eroberte das Herz des Sultans

*Als Ibrahim Pascha das zierliche Mädchen mit dem
wallenden roten Haar erblickte, wusste er, dass Roxelane Sultan Süleyman bezaubern würde. Er kaufte sie
und machte sie dem Sultan zum Geschenk.*

Dabei war es unerheblich, dass man nur den Namen des
Mädchens kannte. Wahrscheinlich stammte Roxelane aus
Südrussland, wo sie skrupellosen Sklavenhändlern in die
Hände gefallen war, so wie viele andere Mädchen im Alter
zwischen sechs und 13 Jahren. Alle wurden am großen Skla-
venmarkt verkauft und sahen einem höchst unsicheren
Schicksal entgegen. Die Mädchen, die im Harem des Sultan landeten, konnten noch von Glück sprechen, denn sie
wurden nicht zu schweren Arbeiten herangezogen und ver-
hältnismäßig gut behandelt. Denn man konnte nicht wissen, welche von den Mädchen zur Lieblingskonkubine auf-
steigen sollte, was nicht allein vom Äußeren abhing, denn
Süleyman, der selber ein gebildeter Mann war, liebte geistreiche Gespräche genauso wie diverse Liebeskünste im Bett.
Lang bevor Roxelane, die vielleicht im Jahre 1506 das
Licht der Welt erblickt hatte, dem Sultan zum Geschenk
gemacht wurde, hatte er sich für eine Lieblingsfrau entschieden, für Gulbehar, die entweder aus Montenegro stammte
oder tscherkessischer Herkunft war. Sie musste eine wun-
derschöne Frau gewesen sein, denn er gab ihr den Namen
»Frühlingsblüte«, die allerdings für osmanische Begriffe

nach der Geburt von vier Kindern nicht mehr ganz taufrisch war. Von den Söhnen hatte nur einer, Mustafa, überlebt, der beste Chancen hatte, dereinst die Nachfolge des Vaters anzutreten, vor allem, da seine Brüder schon eines natürlichen Todes gestorben waren. So mussten sie nicht mit der seidenen Schnur ins Jenseits befördert werden, wie dies mit allen männlichen Verwandten Sultan Süleymans geschah. Denn um einen Kampf um die Nachfolge zu verhindern, hatte nur der Erstgeborene das Recht am Leben zu bleiben, allen anderen drohte der sichere Tod spätestens nach dem letzten Atemzug des alten Sultans.

Mustafa wurde sowohl vom Vater als auch von der stolzen Mutter ganz im Stil eines zukünftigen Sultans erzogen, so lange, bis der rote Haarschopf von Roxelane auftauchte. Ibrahim Pascha hatte sich nicht ausrechnen können, welch wunderbares Geschenk er dem Freunde machte, als Roxelane im Harem auftauchte. So wie alle anderen Mädchen wurde sie auf Veranlassung Ibrahims, der vor langer Zeit als griechischer Sklave dem Sultan geschenkt worden war, nicht sofort dem Herrscher vorgestellt, sondern landete im Harem, der 300 Frauen und Mädchen umfasste. Hier wurde sie im Lesen und Schreiben unterrichtet, wobei man besonderen Wert auf das Abfassen von kleinen Liebesgedichten legte. Schon bald merkte man, dass das lustige Mädchen mit dem ansteckenden Lachen intelligenter als ihre Konkurrentinnen um die Gunst des Sultans bemüht war, sie fasste schnell auf und überraschte alle mit ihren originellen Einfällen. Man bewunderte ihre Tanzkünste und ihren melodiösen Gesang, aber auch ihr Geigenspiel entzückte ihre Umgebung, sodass sie größte Chancen hatte, in die Reihe der zwölf Haremsdamen aufgenommen zu werden, die für die tägliche Betreuung Süleymans ausgewählt wurden. Diese »Gedikli«, die Zofen des Sultans, waren dazu ausersehen, den Herrscher zu baden, anzukleiden und ihm bei den Mahlzeiten Gesellschaft zu leisten. Dass sie natürlich schon sehr bald andere reizvolle Aufgaben zu erledigen hatten, war für sie nach einer eingehenden Ausbildung in den Liebeskünsten selbstverständlich, wobei natürlich keine der zwölf Damen wusste, wie lange sie Tisch und Bett mit Süleyman teilen würde.

Auch Roxelane schien zunächst eine Konkubine auf Zeit zu sein, aber bald schon war Süleyman von Ibrahims Geschenk so begeistert, dass er sie nicht mehr aus den Augen ließ. Voll Eifersucht bemerkte die »Frühlingsblüte«, dass ihr Verwelken angesagt war und »Khurrem«, die »Lachende«, ihren Platz bald einnehmen würde, denn Roxelane hatte alles an sich, was der Sultan suchte. Sie war nicht nur ungewöhnlich reizvoll mit ihrem roten Lockenkopf, sondern verstand es auch, den manchmal von Depressionen befallenen Süleyman durch ihr herzliches Lachen, aber auch durch interessante Gespräche aufzuheitern, sodass er sich in ihrer Gegenwart frisch und verjüngt fühlte. Deshalb dauerte es nicht lange, dass er schon bald nur noch Augen und Ohren für Roxelane hatte und mit ihr lange Diskussionen auch über politische Themen führte. Und was ihm früher sein Freund Ibrahim Pascha als Gesprächspartner bedeutet hatte, das war für ihn jetzt Roxelane. Denn Ibrahim entwickelte zunehmend mehr Selbstherrlichkeit, überging den Herrscher bei wichtigen Entscheidungen und ließ seinen Untergebenen bei jeder Gelegenheit durchblicken, dass er es wäre, der über Tod und Leben zu entscheiden hätte. Als Süleyman gewahr wurde, wie sehr Ibrahim in seine eigenen Kompetenzen eingriff, machte er mit seinem besten Freund kurzen Prozess: Er ließ ihn ohne zu zögern hinrichten!

Süleyman hatte aber noch andere private Sorgen in dieser Zeit: Es war nämlich zu einem heftigen Streit zwischen

Roxelane und Gulbehar im Harem gekommen, wobei es nicht nur bei verbalen Attacken geblieben, sondern Gulbehar sogar handgreiflich geworden war, Roxelane an der Haaren gezogen und ihr das Gesicht zerkratzt hatte. Der Sultan war über Gulbehars Verhalten so empört, dass er ihren Sohn Mustafa verbannte. Dies bedeutete auch für die »Frühlingsblüte« die Verbannung, denn als Mutter des ältesten Sultansohnes hatte sie diesem zu folgen.

1521 brachte Roxelane ihr erstes Kind zur Welt, einen Sohn, dem noch drei weitere Söhne und eine Tochter folgen sollten. Da sie alle ihre Kinder von Herzen liebte, schaute sie mit Grauen in die Zukunft, denn nach dem Gesetz war allen Söhnen außer vielleicht dem Ältesten der sichere Tod in den nächsten Jahren gewiss. Sie rechnete nämlich nicht damit, dass Mustafa die Nachfolge seines Vaters antreten würde, sondern ihr eigener ältester Sohn Mehmed. Sie wusste, sie würde alles daran setzen, Mustafa aus dem Spiel zu bringen. Zu ihrem großen Schmerz starb allerdings Mehmed mit 22 Jahren. Sein jüngerer Bruder war durch ein Rückenleiden leicht verkrüppelt und kam als Nachfolger des Vaters nicht in Frage, sodass der labile dritte Sohn, der schon in jungen Jahren zum Trinker geworden war, beste Chancen auf den Sultansthron hatte. Zum Leidwesen Roxelanes!

Für Süleyman, den seine Eroberungszüge von Nordafrika bis vor Wien in ständigem Atem hielten, gab es bis zu seinem Tode im Jahre 1566 keine andere Frau mehr als Roxelane. Dass dies seinen türkischen Untertanen suspekt sein musste, war nicht verwunderlich. Denn an ewige Liebe konnte beinah niemand glauben, vor allem dann nicht, wenn dem Herrscher ständig die schönsten Frauen und Mädchen präsentiert wurden. Aber Roxelane war Süleymans große Liebe, an die er aus der Ferne unzählige Briefe mit zärtlichen Gedichten schrieb. Sie antwortete auf dieselbe Weise und wünschte sich nichts Sehnlicheres als seine Rückkehr. Denn in Istanbul wurde die Abneigung der Bevölkerung gegen sie immer größer, man wollte die Wohltaten, die sie vor allem den Armen erwies, einfach nicht zur Kenntnis nehmen, da man sie als Hexe bezeichnete, in deren Bann der Sultan geraten war. Dass natürlich Gulbehar ihr Scherflein zu den Verleumdungen beitrug, war nicht verwunderlich. Vielleicht war dies der Anlass für Süleyman, endgültig gegen den Sohn der »Frühlingsblüte« vorzugehen, dem man Rebellionsabsichten in die Schuhe schob. Mustafa und sein erst elfjähriger Sohn wurden auf Befehl des Vaters beziehungsweise Großvaters mit der seidenen Bogensehne hingerichtet!

Dass dieses Vorgehen ebenfalls Roxelane, die Moscheen, Armenküchen, Hospitäler finanziert hatte, in die Schuhe geschoben wurde, war kein Wunder. Sie konnte nur eine Hexe sein, denn wie anders hätte man sich erklären können, dass der große osmanische Sultan die ehemalige Sklavin offiziell geheiratet hatte, etwas, was im türkische Reich das letzte Mal vor Menschengedenken geschehen war.

Der Tod war Roxelane am 18. April 1558 gnädig gewesen, sodass sie nicht mehr die Tragödie innerhalb ihrer Familie miterleben musste – dass der Sohn gegen den Vater rebellierte und der Bruder den Bruder umbringen ließ.

Der Makel der Geburt
verfolgte ihn ein Leben lang

*Er war der Lieblingssohn seiner Eltern gewesen, der
blonde, stets fröhliche Karl, der seinem Vater Erzherzog Ferdinand II. von Tirol wie aus dem Gesicht
geschnitten war und dessen Bärenkräfte landauf,
landab Bewunderung erregten.*

Hätte Ferdinand II. nach den habsburgischen Standesregeln
seine Gemahlin auserwählt, wären seine beiden Söhne
Andreas und Karl erbberechtigt gewesen. Aber der Erzherzog, der zweitgeborene Sohn Kaiser Ferdinands I. hatte seine
Wahl nach eigenem Geschmack getroffen und in aller Heimlichkeit die Augsburger Kaufmannstochter Philippine Welser geheiratet. Die beiden jungen Leute konnten nicht ahnen,
wie sich ihr zukünftiges Schicksal tatsächlich entwickeln
würde, denn niemand konnte die Reaktion des kaiserlichen
Schwiegervaters vorhersehen. Kaiser Ferdinand I. wählte die
menschlichste aller Lösungen: Er erklärte die unstandesge-
mäße Ehe seines Sohnes für morganatisch, sodass Philippine,
aber auch deren Kinder, nicht erbberechtigt sein sollten. Für
die Welser Kaufmannstochter, die von ihrem Gemahl und
den Tirolern geliebt und respektiert wurde, war dies kein
wirkliches Problem, für die Söhne allerdings, denn weder
Andreas noch Karl sollten ein befriedigendes Leben führen.
Bei all ihren Unternehmungen stand ihnen der Makel der
Geburt im Weg, viele Pläne scheiterten daran, dass ihre Mutter nur eine Kaufmannstochter gewesen war.

Der ältere Andreas sollte nach dem Willen des Vaters im Schoße der Kirche landen, für ihn kaufte Ferdinand, als der Sohn erst 17 war, die Kardinalswürde. Der jüngere Karl allerdings weigerte sich standhaft, in die Fußstapfen des Bruders zu treten, er wollte die Welt erobern! Schon als Kind hatte er jedermann durch seine unglaublichen Körperkräfte in Erstaunen versetzt, mit festem Griff zügelte er wild gewordene Pferde und überraschte die Gäste von Schloss Ambras mit seinen Kunststücken. Eines Tages brach er, ohne sich besonders anzustrengen, zwei aufeinander gelegte Talerstücke mitten entzwei. Als vortrefflicher Reiter schwang er auch den Degen in wahrer Vollendung, sodass der Vater in Karl schon sehr bald den geborenen Heerführer sah. Und da Erzherzog Ferdinand II. mit seinem Bruder Maximilian II., der auf dem Kaiserthron seinem Vater nachgefolgt war, nicht auf allzu bestem Fuße stand, fragte er bei seinem spanischen Vetter König Philipp II. an, ob sich in dessen Heer eine entsprechende Position für Karl finden würde. Nach einigen Schwierigkeiten wurde Karl zum Obristen bestellt, der Alexander Farnese, der als Statthalter in den Niederlanden große Probleme hatte, militärisch unterstützen sollte. Und da Karl nicht mit leeren Händen in die Niederlande ziehen wollte, wurden aus den Innsbrucker Zeugkammern allein 2400 Landsknechtspieße und Unmengen von Harnischen auf Wagen verladen, um die Männer zu bewaffnen, die Karl angeworben hatte und die sich wenig Gedanken zu machen schienen, wie sie eigentlich ihr Brot verdienten. Auch Karl ging es weniger um Politik als um den Kampf Mann gegen Mann. Daher war er, als er an der Seite Alexander Farneses focht, zu Tode erschrocken, als direkt neben ihm eine Kanonenkugel einschlug. Auch die biederen Tiroler merkten plötzlich, dass sie gegen Menschen eingesetzt wurden, die sich gegen die spanische Unterdrückung wehrten. Allgemeine Unzufriedenheit wurde unter den Söldnern laut, als man merkte, dass die versprochene Löhnung ausblieb. Karl versuchte seine Leute zu beruhigen, indem er selber in die Zelte ging und sie um Geduld bat. Als die Männer aber merkten, dass kein Heller mehr in den Kriegskassen war, lösten sich die Regimenter auf und die Soldaten zogen raubend und plündernd im Lande umher, keiner konnte ihnen mehr Einhalt gebieten. Manch einer aber blieb in den Niederlanden, verdingte sich als Holzknecht oder begann einen Handel mit Kleinholz, sodass bald der Spottspruch entstand: »Seht da kumen des markgrafen holztragen mit ihrer wöhr.«

Mit einem armseligen Häuflein zerlumpter Söldner kehrte Karl schließlich nach Tirol zurück, wo der Vater schon die nächsten Pläne für ihn geschmiedet hatte. Da der Erzherzog selber Aussichten auf den polnischen Thron hatte, sollte Karl die Hochmeisterwürde erlangen. Beide Projekte lösten sich in Luft auf, da die Polen gefordert hatten, dass sich Ferdinand von Philippine trennen sollte. Was übrig blieb für Karl war das Markgrafenamt von Burgau.

Der weitere Lebensweg des jungen Mannes war von allerlei glücklosen Versuchen, sowohl im privaten Leben als auch in seiner Karriere als Heerführer, gekennzeichnet. Karl war zwar ein gut aussehender Mann, dem es an Charme und Geist nicht mangelte, aber bei den Frauen hatte er nicht das Glück, das er sich erträumte. Wo immer er sich als Bräutigam vorstellte, gab es entweder einen Nebenbuhler oder er bekam höfliche, aber ablehnende Antworten und fadenscheinige Ausflüchte, warum gerade diese Braut nicht mehr zu haben wäre. Die nicht standesgemäße Mutter stand immer im Hintergrund!

Schließlich beschloss Karl, sich im fernen Italien nach einer Gemahlin umzusehen. Eine schöne Tochter eines

Edelmannes aus der Republik Venedig war im Gespräch, das
zu nichts führte. Dann brachte man Karl mit der Tochter des
Grafen Castiglione in Verbindung, mit Catharina, die einen
Bruder hatte, der schon zu Lebzeiten als Heiliger verehrt
wurde. Vielleicht war Karl die Schwester des heiligen Mannes doch etwas zu fromm und zu keusch, denn auch sie
wurde nicht seine Frau. Erst sechs Jahre nach dem Tode des
Vater führte er die ältliche Herzogin Sibylle von Jülich-
Kleve zum Altar, wobei es Karl weniger auf die spärlichen
Reize der alternden Dame abgesehen hatte, als auf deren
beträchtliches Erbe, da der einzige Bruder Sibylles im
Wahnsinn gestorben war und der jülich-kleve'sche Besitz
unter dessen Schwestern aufgeteilt wurde.

Dass seine alte Gemahlin nicht mehr in der Lage sein
würde, Kinder zur Welt zu bringen, darüber war sich Karl
schon bei seiner Hochzeit im Klaren. Aber trotz dieser
Misere musste er auf Nachkommen nicht verzichten, denn
seine Brautsuche in Italien war nicht ohne Folgen geblieben.
Mit einer Adeligen aus Ferrara hatte er mehrere Söhne und
Töchter gezeugt, für die er wie ein echter Vater sorgte. Auch
die »natürlichen« Kinder seines Kardinalsbruders hatten in
ihrem Onkel Karl einen echten Vater.

Obwohl Karl der Sohn einer Kaufmannstochter war, hatte
er von Geschäften nicht die geringste Ahnung. Er gab das
Geld mit beiden Händen aus, wobei die Apanage, die sein
kaiserlicher Großvater dereinst für ihn ausgesetzt hatte, in
kürzester Zeit in Nichts zerflossen war. Karl war gezwungen, Kredite aufzunehmen, die er niemals zurückzahlen
konnte. Aber immerhin war ihm Schloss Ambras oberhalb
von Innsbruck zugesprochen worden, das mit wertvollsten
Kunstschätzen ausgestattet war. Als sein Vater 1595 starb,
beschloss Karl, dort seinen Wohnsitz zu nehmen. Aber als
er in Erfahrung gebracht hatte, dass sein Vetter Rudolf, der

seit 1576 auf dem Kaiserthron saß, sich für die Kunstwerke im Schloss interessierte, gab er Auftrag, alles in Ambras, was nicht niet- und nagelfest war, abzumontieren und in seine ehemalige Residenz nach Günzburg zu bringen. Die Handwerker, die er bestellt hatte, hausten in dem prachtvollen Schloss wie die Vandalen, selbst die meisterhaften Holzverkleidungen rissen sie von den Wänden, entfernten die wertvollen Tapisserien, auch das Silbergeschirr wurde genauso wie die bestickte Tisch- und Bettwäsche in Kisten verladen und in großer Eile weggeschleppt. Zurück blieb ein ausgeplündertes, ödes, beinahe unbewohnbares Schloss, in dem sich nur noch die Gemälde befanden, auf die Karl keinen Wert gelegt hatte. Und gerade sie waren es, die den kunstverständigen Kaiser an Ambras gereizt hatten.

Nach diesem Exodus kam Karl nicht mehr zur Ruhe. Immer auf der Suche nach neuen Aufgaben, die ihn endlich erfüllen könnten, verbrauchte er sich körperlich und seelisch. Als er endlich auf Anraten der Ärzte sich zu einer Erholungsfahrt an den Bodensee entschloss, war es bereits zu spät. Der Tod ereilte ihn am 31. Oktober 1618 im Alter von 58 Jahren.

Die Ratsherren fielen nicht auf einen Misthaufen

Dass die kaiserlichen Statthalter, die man aus den Fenstern der Prager Burg geworfen hatte, nur dadurch überlebt hatten, dass sie glücklicherweise auf einem Haufen von Unrat gelandet waren, gehört in den Bereich der Märchen.

Da Jaroslav Borsita Graf von Martinitz, Wilhelm Slavata und schließlich noch der Schreiber Philip Fabricius den unsanften Fenstersturz wie durch ein Wunder überlebten, rankten sich seit dem 23. Mai 1618 die wildesten Gerüchte um diese Tat, vor allem aber um die Tatsache, dass keiner der drei bei dem Sturz aus 17 Meter Höhe ums Leben gekommen war.

Es war nicht das erste Mal, dass man in Prag Menschen, derer man sich entledigen wollte, einfach aus dem Fenster warf. Schon im Jahre 1419 hatten wütende Anhänger des gegen jedes von Kaiser Sigismund gegebene Wort hingerichteten Jan Hus katholische Ratsherren im Neustädter Rathaus aus dem Fenster gestürzt. Dieses Vorgehen als Ausdruck des Protests schien in Prag Usus zu sein!

Denn als Kaiser Matthias, der Nachfolger von Kaiser Rudolf II., sich nicht an die Vereinbarungen hielt, die sein Bruder seinerzeit mit den böhmischen und schlesischen Protestanten getroffen hatte, kam es nicht nur zur Unzufriedenheit der evangelischen Bevölkerung, sondern zu nicht zu überhörenden Unmutsäußerungen. Denn Kaiser

Rudolf hatte auf Grund seiner schlechten politischen Position – seine Brüder machten ihm das Leben schwer – in einer für ihn beinahe aussichtslosen Situation den protestantischen Ständen im »Majestätsbrief« Religionsfreiheit zugebilligt. Damit verbunden war auch die Erlaubnis, selbst auf den königlichen Kammergütern protestantische Kirchen erbauen zu können. Eine allgemeine Beruhigung hätte die Folge dieser Maßnahme sein können. Freilich war das Gegenteil der Fall, denn jetzt protestierten die Katholiken, unterstützt von Erzherzog Ferdinand aus der Steiermark, der einmal die Nachfolge des kinderlosen Matthias antreten sollte, gegen den Bau der protestantischen Kirchen. Wieder einmal standen sich Katholiken und Protestanten gegenüber, ein Ausgleich schien nach der Zerstörung der evangelischen Kirche in Klostergrab nicht mehr in Sicht. Die Katholiken hatten den Protestanten den Fehdehandschuh hingeworfen, den Heinrich Matthias von Thurn bereitwillig aufhob und mit 200 Angehörigen der protestantischen Stände nach Prag zog und in der Burg von den kaiserlichen Vertretern empfangen wurde. Es kam, wie zu erwarten war, zu lautstarken Auseinandersetzungen, die gewaltsam enden sollten. Da man nicht mit gezogenem Schwert aufeinander losgegangen war, öffnete plötzlich einer der Protestanten das Fenster, man stürzte sich auf die Ratsherren Martinitz und Slavata und warf sie kurzerhand aus dem Fenster. Und da der Schreiber Fabricius auch verdächtig schien, stürzte man ihn gleich hinterher. Verwundert stellte man aber fest, als man in die Tiefe blickte, dass alle drei anscheinend wenig verletzt in panischer Angst das Weite suchten. Da aber der Blutrausch der Protestanten noch nicht gestillt war, zog man die Feuerwaffen und schickte den glücklich Überlebenden noch ein paar Schüsse hinterher, die aber ihr Ziel verfehlten, da es nicht möglich war, aus dieser Entfernung aus den kleinen Fenstern zu treffen.

Bis heute hat sich die Mär erhalten, dass die Ratsherren und auch der Schreiber den Sturz nur dadurch überlebten, dass sie auf einem Misthaufen gelandet waren, was allerdings selbst für die damalige Zeit eigentümlich gewesen wäre, denn immerhin hätte ein Misthaufen unter den Fenstern der Ratskanzlei unangenehme Gerüche verbreitet. Martinitz gab über den Fall Slavatas eine genaue Beschreibung: »Sie haben erst die Finger seiner Hand, mit der er sich festgehalten hat, bis aufs Blut zerschlagen und ihn durch das Fenster ohne Hut, im schwarzen samtenen Mantel hinab geworfen. Er ist auf die Erde gefallen, hat sich noch 8 Ellen tiefer als Martinitz in den Graben gewälzt und sich sehr mit dem Kopf in seinen schweren Mantel gewickelt.«

Wahrscheinlich retteten die voluminösen Mäntel, die die Ratsherren trugen, ihnen das Leben, denn es war für die wütenden Protestanten sicherlich nicht leicht, die dickbekleideten Männer durch die kleinen Fenster der Prager Ratsstube zu zwängen, die sich noch dazu mit Händen und Füßen wehrten. Außerdem waren die Außenwände der Burg keineswegs gerade gemauert, sodass die Ratsherren und der Schreiber nicht im freien Fall in den Burggraben stürzten, sondern mehr hinabrutschten als fielen. Freilich fiel Slavata etwas unglücklich, wie er selber schrieb: »Graf Slavata hat sich an dem steinernen Gesims des untersten Fensters angestoßen und ist auf der Erde mit dem Kopf noch auf einen Stein gefallen.« Es war ein Glücksfall gewesen, dass nicht mehr Ratsherren bei der Begegnung mit den Protestanten anwesend waren, denn ein Blutbad wäre bei der angespannten politischen Situation unausweichlich gewesen. Der 30-jährige Krieg zeigte seine Vorboten schon überall, die Stimmung war durch das undiplomatische Verhalten des

Kaisers explosiv, denn Matthias war schon lange nicht mehr Herr der Lage und hatte wahrscheinlich auch nicht die Absicht, irgendwelche beruhigenden Maßnahmen zu ergreifen. Daher übertrug man die aufgestaute Wut auch auf einen an und für sich unbeteiligten Schreiber und sah auch in ihm einen Erzfeind, den es zu vernichten galt. Martinitz berichtete über den Fall dieses Schreibers, der glücklicherweise den Sturz ebenfalls überlebte:

»Haben letztlich noch den Herrn M. Phillip Fabricius, röm.kais. Rat und Kgr. Böhmens Sekretarius ... in den Graben geworfen.«

Allen dreien gelang wie durch ein Wunder die Flucht, denn es war auch nach diesen Ereignissen höchst gefährlich, sich irgendwo öffentlich zu zeigen. Eine bigotte Katholikin, Polyxena von Lobkowitz, bot ihnen an, sie zu verstecken. Der einzige, der Nutzen aus dem schrecklichen Ereignis ziehen konnte, war der Schreiber: Er wurde vom Kaiser geadelt und erhielt den bedeutungsvollen Beinamen »von Hohenfall«.

Der Kaiser wusste, was dieser « Fenstersturz« zu bedeuten hatte. Längst hatten sich schon im ganzen Reich zwei Lager gebildet, die katholische »Liga« und die protestantische »Union«: Es wäre nur noch eine Frage der Zeit gewesen, wann die beiden Gruppierungen, die unter Waffen standen, aufeinanderprallen würden. Dazu kam, dass die Glaubensgegensätze in Deutschland und den übrigen habsburgischen Gebieten ganz bewusst von den ausländischen Herrschern geschürt wurden, vor allem von Frankreich, dem die Vorherrschaft der Habsburger in Europa ein Dorn im Auge war. Der »allerchristlichste König« von Frankreich fand daher nichts dabei, die Protestanten zu unterstützen und in späteren Jahren auf Seiten des protestantischen Schwedens und der Union in den Krieg einzutreten. Der Zweck schien schon damals die Mittel zu heiligen!

Nachdem die Ratsherren und der Schreiber den Zweiten Prager Fenstersturz überlebt hatten, was man der tätigen Mithilfe der Mutter Gottes zugeschrieben hatte, waren die Katholiken in ihrer Ansicht bestärkt, dass die Gnade Gottes sich auf ihrer Seite befände. Die böhmischen Stände allerdings pochten nach wie vor auf ihrem Recht, ihren König selbst wählen zu dürfen und erklärten den 1617 gewählten Habsburger Ferdinand für abgesetzt. Sie entschieden sich für den Kurfürsten aus der Pfalz, für Friedrich V. Somit standen sich zwei Könige gegenüber, ein Krieg war unausweichlich! Dass dieser Krieg, in dem ganz Europa gegeneinander kämpfte, sich über 30 Jahre hinziehen sollte und zu einer der größten Katastrophen in der Geschichte der Menschheit führte, dessen Ende im Jahr 1848 nur dadurch zustande kam, als die Länder ausgeblutet und entvölkert waren, dies konnte wohl keiner vorhersagen, der für oder gegen eine Religion im Jahre 1618 war. Der Prager Fenstersturz war der berühmte kleine Funken gewesen, den man in ein riesiges Pulverfass geworfen hatte, das erst bis zur Gänze ausbrennen musste, damit die Flammen endlich eingedämmt werden konnten.

Gevatter Tod als Königsmacher

Vier Könige mussten ihr Leben lassen, bevor der junge Bourbone Heinrich, der durch seine Mutter auch König von Navarra war, auf den französischen Thron gelangen konnte. Voraussetzung allerdings war, dass der Calvinist zum katholischen Glauben übertrat.

Als Heinrich am 13. Dezember 1553 in Pau als Sohn des katholischen Herzogs Anton von Bourbon und der protestantischen Königin von Navarra, Johanna von Albret, geboren wurde, war Frankreich religiös in zwei Lager gespalten, die sich unversöhnlich gegenüberstanden. Auch Heinrich sollte ein Leben lang zwischen dem Calvinismus und der katholischen Religion hin- und herlavieren. Obwohl katholisch getauft, wurde er von einem Protestanten erzogen, kam aber schon mit vier Jahren an den katholischen Königshof, wo er die Sympathien König Heinrichs II. erwarb und daher bald als zukünftiger Bräutigam für die jüngste Königstochter Margarethe, die man im Familienkreis nur Margot nannte, ausersehen wurde.

Nachdem König Heinrich II. und dessen ältester Sohn gestorben waren, trat der zweitgeborene Sohn Karl die Nachfolge als französischer König an, obwohl er erst zehn Jahre alt war. Für ihn regierte – wie hätte es anders sein können – seine starke Mutter Katharina de' Medici, die es für opportun hielt, die Familie des zukünftigen Schwiegersohnes in die Politik miteinzubeziehen, obwohl sie genau wusste, dass das Königreich von Navarra ein Hort der Calvinisten war. Sie hatte die Absicht, den jungen Heinrich, der in der nächsten

Zeit am französischen Königshof lebte, zum Katholizismus zu bekehren. Katharina von Medici, in vielerlei Hinsicht undurchsichtig, betrieb für ihren Sohn Karl IX. eine absolute Schaukelpolitik, die in der kommenden Zeit drei blutige Hugenottenkriege nicht verhindern konnte.

Es war nicht leicht für Heinrich gewesen, sich von den Fesseln Katharinas zu befreien, um nach Navarra zurückzukehren, wo er sich sofort wieder als Calvinist deklarierte. Zusammen mit seinem Onkel Ludwig von Boubon-Conde, dem Anführer der Protestanten, kämpfte er als 14-Jähriger auf verschiedenen Schlachtfeldern und zeichnete sich bald durch ungewöhnliche Tapferkeit aus, von der landauf, landab berichtet wurde. So stellte man sich wahrscheinlich einen dynamischen französischen König vor! Aber diese Karriere stand für den Jüngling zu dieser Zeit noch in den Sternen, denn Karl IX. hatte noch zwei Brüder, die, sollte dem jungen kränklichen König etwas zustoßen, die Herrschaft über Frankreich antreten konnten. Merkwürdigerweise hatte der berühmte Nostradamus dem Prinzen von Navarra schon 1564 prophezeit, dass er dereinst die französische Krone tragen werde, aber Heinrich schenkte dieser Aussage zunächst wenig Glauben, als er nach dem Tod seiner Mutter am 9. Juni 1572 den Thron von Navarra bestieg und seine calvinistischen Ansichten lautstark vertrat.

Wie es um die religiöse Einstellung Heinrichs von Navarra wirklich stand, wusste er wahrscheinlich selber nicht genau. Denn kaum war der Hochzeitstermin mit Margot festgesetzt, ließ er sich von seiner zukünftigen Schwiegermutter überreden, wieder einmal zum Katholizismus überzutreten, da er nur als Katholik eine katholische Valois ehelichen konnte.

Es war nicht die große Liebe zwischen den beiden jungen Leuten, die sie zum Traualtar führte. Die schöne Margot war keine züchtige Jungfer mehr und der hässliche kleine Heinrich war erstaunlicherweise ein allseits bekannter Schürzenjäger, der seine langjährige Mätresse sogar mit zur Hochzeit brachte. Nur gezwungenermaßen gab die reizende Königstochter vor dem Altar, der auf dem Platz vor der Kirche von Notre Dame aufgestellt war, dem übel riechenden Bräutigam ihr Ja-Wort. Man hatte diesen Platz gewählt, da Heinrich sich geweigert hatte, sich in einem katholischen Gotteshaus trauen zu lassen.

Was nach der Hochzeitsnacht allerdings folgen sollte, konnten weder die beiden Brautleute noch die geladenen Gäste und auch nicht die anwesenden Zuschauer ahnen. Denn mit dem königlichen Bräutigam waren Hunderte Calvinisten als Gefolge mit nach Paris gekommen, die tagelang fröhlich zusammen mit den katholischen Zaungästen feierten, als plötzlich am 22. August auf den protestantischen Admiral Coligny ein Attentat verübt wurde, das missglückte. Coligny hatte in den letzten Monaten immer mehr an Einfluss gewonnen und öffentlich eine Unterstützung der Niederländer gegen den spanischen König Philipp II. gefordert. Dadurch war er der katholischen Sache gefährlich geworden. Nun schien für Katharina von Medici der Zeitpunkt gekommen, eine endgültige Lösung in der Glaubensfrage herbeizuführen: Denn Paris war zum Treffpunkt von Tausenden Hugenotten geworden, jetzt musste gehandelt werden! Auf Befehl des jungen Königs Karl IX. wurden in der berüchtigten »Bartolomäusnacht« am 24. August 3000 Calvinisten heimtückisch niedergemetzelt. Das Massaker wurde daraufhin auf ganz Frankreich ausgedehnt, wo weitere 10 000 Menschen starben. Auch für Heinrich, den Bräutigam, war die Situation lebensgefährlich gewesen. Er entging dem sicheren Tod nur dadurch, dass allgemein bekannt wurde, dass er sich bereits mit der Bitte an Papst

Gregor XIII. gewandt hatte, offiziell in den Schoß der katholischen Kirche aufgenommen zu werden. Dies verhinderte aber nicht, dass er gefangen gesetzt wurde. Erst nach 39 Monaten gelang Heinrich die Flucht, worauf er sofort wieder den katholischen Glauben ablegte.

Die langen Monate des Getrenntseins hatten die Beziehung zwischen Heinrich und Margot nicht verbessert. Die junge Frau betrug sich am französischen Hof derart freizügig, dass ihr Bruder Heinrich III., der mittlerweile seinem Bruder Karl als König nachgefolgt war, ihre Skandale nicht mehr tolerierte und sie öffentlich des Hofes verwies. Heinrich blies in der Zwischenzeit keineswegs Trübsal, die Zahl seiner Mätressen erhöhte sich im Laufe seines Lebens auf über 50.

Auch die Regierungszeit Heinrichs III. von Valois war geprägt von religiösen Kämpfen, in die alle, die in Frankreich Rang und Namen hatten, verwickelt waren. Wahrscheinlich fasste sein Schwager Heinrich von Navarra damals schon den Plan, sollte sich der Spruch von Nostradamus doch einmal bewahrheiten, dass er alles daran setzen würde, eine Aussöhnung zwischen Katholiken und Protestanten herbeizuführen. Denn so konnte es nicht weitergehen, vor allem, da er erkannte, welche Absichten die ausländischen Mächte Spanien, England, die Niederlande und die katholische Liga hatten. Frankreich durfte nicht zum Austragungsort internationaler Religionskriege werden!

Nachdem der jüngere Bruder des Königs Francois Hercules 1585 die Augen für immer geschlossen hatte, wurde König Heinrich III. 1589 Opfer eines religiösen Fanatikers. Da er auf Grund seiner homosexuellen Neigungen kinderlos starb, blieb als einziger aus der Verwandtschaft sein Schwager Heinrich von Navarra als potenzieller Nachfolger übrig. Obwohl vom Papst offiziell immer noch exkommuniziert, trat Heinrich wieder einmal offiziell zum katholischen Glauben über, denn der Thron von Frankreich war ihm eine Messe wert. Unter seiner Regierung kam es wirklich zu einer Friedenszeit und damit zu einem gewissen Wohlstand in der Bevölkerung. Im Edikt von Nantes 1598 sicherte er den Protestanten Religionsfreiheit zu und dem einfachen Volk versprach er, dass jeder ein Huhn im Topf haben sollte, sowie natürlich auch eine Frau im Bett, etwas besonders Wichtiges für den liebebedürftigen König!

Seine Ehe mit Margot war in der Zwischenzeit wegen der Kinderlosigkeit offiziell vom Papst annulliert worden. Es war wieder eine Mediceerin, die in der Zukunft das politische Heft in die Hand nehmen sollte, denn Maria de' Medici regiert, nach dem plötzlichen Tod ihres Mannes, für ihren unmündigen Sohn Ludwig.

Obwohl Heinrich wegen seiner Reformen und Volkstümlichkeit den Beinamen »der Gute« bekommen hatte, konnte er es nicht allen recht machen. Denn nur so ist es zu erklären, dass 18 Attentate auf ihn unternommen wurden. Francois Ravaillac gelang es schließlich am 14. Mai 1610, erfolgreich das Messer in die Brust des Königs zu stoßen.

Ein eindeutig zweideutiger Held

Als Johann Wolfgang von Goethe Lamoral von Egmond in seinem berühmten Trauerspiel »Egmont« zum Haupthelden auserkor, musste er seine dichterische Phantasie bemühen, um den schillernden Grafen als glaubwürdigen Freiheitskämpfer zu zeigen.

Der deutsche Dichter schuf mit seinem »Egmont« ein Symbol für die Auflehnung gegen Willkür und politische Gewalt. Die Wirklichkeit sah freilich anders aus. Goethes feuriger, jugendlicher Liebhaber, an dessen Schicksal Klärchen, seine unschuldige Braut, verzweifelte, war der Vater von elf Kindern, der mit seiner Gemahlin Sabina, der Tochter des Pfalzgrafen Johanns II. von Simmern, eine überaus glückliche Ehe führte. Lamoral von Egmond, der am 18. November 1522 auf Schloss La Hamaide im Hennegau das Licht der Welt erblickt hatte, war ein ansehnlicher, wohlhabender Mann, der seiner Gemahlin in Speyer 1544 nicht nur die Treue geschworen hatte, sondern ihr auch für ihr Leben an seiner Seite große Annehmlichkeiten bieten konnte, denn er war Herr über weite flandrische Gebiete, außerdem war er nach dem Tod seines Bruders Charles zum Statthalter über die Provinz Holland eingesetzt worden. Aus Liebe zu seiner Frau, die in den Niederlanden schon sehr bald als »Sabine von Bayern« bekannt wurde, benannte er einen »Polder« – ein dem Meer abgerungenes Gebiet – als »Beijerland«.

Der junge Graf war am Hofe Kaiser Karls V. in allen ritterlichen Tugenden erzogen worden, der schöne Jüngling wurde schon bald als glänzender Fechter und Schütze gerühmt, eine große Karriere war ihm sicher! Deshalb war es kein Wunder, dass er im kaiserlichen Heer eine hervorragende Position einnahm, er begleitete Karl V. auf seinem Zug nach Nordafrika 1541 und erwies sich in den Kämpfen um Algier als verlässliche Stütze. Auch in den verschiedenen Schlachten gegen den französischen König, den Dauerfeind Karls V., konnte der Kaiser auf den Grafen zählen, sodass Lamoral Graf Egmond im Jahre 1546 mit dem Orden vom Goldenen Vlies ausgezeichnet wurde. Diese Ehre wurde nur wenigen Sterblichen zuteil.

Wie sehr sich der alte Kaiser auf den Grafen verließ, ging daraus hervor, dass er ihm den ehrenvollen Auftrag erteilte, die Führung der Gesandtschaft zu übernehmen, die 1554 den Ehevertrag zwischen seinem Sohn Philipp und der englischen Königin Maria unterzeichnen sollte. Egmond, der dem Sohn des verehrten Kaisers untertänig gegenübertrat, konnte nicht ahnen, dass sich Philipp einmal ihm gegenüber ganz anders verhalten würde wie der Vater. Denn die Vorstellungen des jungen spanischen Königs in Hinblick auf die Religion unterschieden sich grundlegend von denen seines kaiserlichen Vaters – der eine moderate Politik gegenüber den Andersgläubigen vertreten hatte – freilich nicht ganz freiwillig!

Sein Sohn Philipp, der als König von Spanien auch über die Niederlande regierte, sah die Lage nach dem Rücktritt seines Vaters im Jahre 1556 ganz anders. In seiner bigotten Art kannte der junge König weder Maß noch Ziel, wenn es darum ging, die katholische Lehre als die allein selig machende in seinen Ländern durchzusetzen. Dazu kam, dass Philipp nicht nur in Spanien aufgewachsen war und überhaupt keinen Bezug zu dem lebensfrohen Volk der Niederländer hatte, sondern auch die falschen Leute am falschen Ort einsetzte. Vor allem Kardinal Granvella erregte den Hass des niederländischen Volkes, der sich später unter dem düsteren Herzog von Alba noch verstärkte. So war es nicht verwunderlich, dass sich schon sehr bald oppositionelle Gruppen bildeten, die bei geheimen Treffen Möglichkeiten für einen Aufstand gegen die Spanier diskutierten. Und da Lamoral von Egmond ein weit und breit bekannter Mann war, trat man auch an ihn heran, sich der geheimen Widerstandsbewegung anzuschließen. Es war nicht leicht für den Grafen gewesen, eine Entscheidung zu treffen, denn immerhin hatte er König Philipp schon früher kennen gelernt und in gewisser Weise Sympathien für ihn entwickelt, außerdem war er selber strenger Katholik, sodass es ihm unmöglich erschien, die reformatorischen Bewegungen, von denen der Aufstand getragen werden sollte, zu unterstützen. Lange Zeit gelang es ihm, sein wahres Gesicht nicht zu zeigen, denn andere Mitglieder des Staatsrates waren in den Vordergrund getreten, wie die Grafen Oranien und Hoorn, die dazu aufriefen, vor Waffengewalt gegen die Spanier, namentlich gegen Granvella, nicht zurückzuschrecken. Wie immer sich Graf Egmond verhielt, seine Rolle war nicht eindeutig. Durch zündende Reden vermochte er den Hass gegen die Spanier zu schüren, wenngleich er sich nach wie vor als Untertan des Königs von Spanien sah. Ohne nur die geringste Gefahr für Leib und Leben zu wittern, unterzeichnete er mit Oranien und Hoorn ein Gesuch an den König von Spanien, das die Abberufung Granvellas forderte. Seine Unterschrift auf diesem Schreiben sollte ihm schließlich den Tod bringen.

Graf Egmond, der heldenhafte Kämpfer und ruhmreiche Held, war ein vertrauensseliger, gutgläubiger Mensch, der keine politischen Fallen zu erkennen vermochte. Denn als er als niederländischer Deputierter zu König Philipp gesandt

wurde, um die berechtigten Klagen seiner Landsleute vor-
zubringen, ließ er sich schon nach kurzer Zeit durch
Schmeicheleien, die seine Person betrafen, von seinem
eigentlichen Vorhaben abbringen und erkannte nicht, wie
belustigt man bei Hofe über sein Verhalten war. Völlig
unverrichteter Dinge kehrte Egmond in die Heimat zurück,
wo sich mittlerweile die ersten Tumulte abgespielt hatten.
Denn nachdem die Spanier keineswegs gewillt waren, ihr
Verhalten den Niederländern gegenüber zu ändern, hatte
sich die Lage radikalisiert. Nicht mehr die Einführung der
Lehre Luthers war das Ziel, der kompromisslose Calvinismus forderte zum Kampf gegen die Spanier auf. Der niedere
Adel und zahlreiche Statthalter hatten sich den Aufständi-
schen angeschlossen, obwohl jedem Ketzer, dem man hab-
haft werden konnte, ein Inquisitionsverfahren von Seiten
der spanischen Besatzung drohte.

Mitten in dieser wirren Zeit verhielt sich Graf Egmond
immer noch zweideutig. Da er der festen Meinung war, dass
ihm als Ritter des Goldenen Vlieses kein Haar von den Spaniern gekrümmt werden würde, beteiligte er sich an den
Aufständen, gleichzeitig sah er aber im spanischen König
seinen Herrn und Gebieter und akzeptierte in den Statthal-
tern die Vertreter des Königs. Daher leistete er als einer der
ersten Margarete von Parma, einer »natürlichen Tochter«
Kaiser Karls V., den Treueeid, als sie als Statthalterin eingesetzt wurde und stellte sich ihr zur Verfügung, als es galt, den
Aufstand der Andersgläubigen niederzuschlagen. Egmond
rechnete nicht damit, dass man ihm am spanischen Hof
nicht verziehen hatte, dass er sich um die Absetzung Granvellas mitbemüht hatte.

Egmond schien in seiner Vertrauensseligkeit blind zu sein,
denn die eigentlichen Anführer der Revolten gegen die Spanier, Oranien und Hoorn warnten ihn mehrmals davor, zwei

Herren zu dienen, wodurch er auf alle Fälle auf beiden Seiten ins Zwielicht geraten musste. Aber Egmond war unbe-
lehrbar.

Hoch zu Roß begrüßte er nach dem Rücktritt Margaretes von Parma den neuen Statthalter, den Herzog von Alba
und ritt mit ihm Seite an Seite 1567 in Brüssel ein. Hoff-
nungsvoll blickte Egmond in die Zukunft, da er die düsteren Gedanken des finsteren Spaniers nicht erraten konnte.
Denn nicht als Freund, sondern als Rächer war Alba in die
Niederlande gekommen. Und einer der ersten, dem es galt,
den Prozess zu machen, war Graf Egmond. Seine Popularität, aber auch seine Undurchsichtigkeit wurden ihm zum
Verhängnis. In einer Nacht- und Nebelaktion wurde er am
9. September verhaftet und vor den »Blutrat« gestellt, der
nur Todesurteile fällte. Nach neun Monaten, am 5. Juni 1568,
bestieg der Ritter des Goldenen Vlieses, der siegreiche
Kämpfer in hitzigsten Schlachten, der einstige Freund des
Kaisers, der Held des Volkes, als Rebell und Hochverräter
zusammen mit seinen Freunden, dem Grafen von Hoorn
und Tobias van Leeuwen, das Blutgerüst in Brüssel. Als sein
Haupt fiel, begann ein 80 Jahre lang dauernder Freiheitskampf der Niederländer gegen die Spanier.

Ein Witwensitz
für die »Lustige Witwe«

Sie war ein Ort der Freude, die Neue Favorita, der prachtvolle Sommersitz der Kaiser, wo die großartigsten Opern aufgeführt wurden. Vielleicht war dies der Grund, dass die beiden Kaiserwitwen Eleonora von Gonzaga und Eleonora von Mantua dieses Schloss als Witwensitz wählten, um nicht ganz in Trübsal zu verfallen.

Die ersten Gebäude des riesigen Schlosses, die sich hinter dem heutigen Theresianum befanden, wurden schon unter Kaiser Matthias und seiner Gemahlin Anna errichtet. Sie sollten dem Kaiserpaar die nötige Atmosphäre zur Entspannung nach den unerfreulichen Ereignissen, denen der Kaiser in dem habsburgischen Bruderkrieg ausgesetzt war, bieten. Zug um Zug wurde das Schloss erweitert und schon bald als idealer Sommersitz von der Kaiserfamilie auserwählt. Und da man sich nach dem schier endlosen 30-jährigen Krieg nach Abwechslung und Lustbarkeiten sehnte, begann schon Kaiser Ferdinand III., wahrscheinlich auf Anregung seiner italienischen Gemahlin Eleonore, italienische Künstler nach Wien einzuladen, die durch ihre Musik das Leben am Kaiserhof bereichern sollten. Gleichzeitig erfuhr das Musikleben in Wien eine grundlegende Veränderung. Hatte man bis dahin holländische Klänge bevorzugt, so lauschte man jetzt mit Begeisterung den einschmeichelnden italienischen Weisen. Hand in Hand mit der

Musik zog auch die italienische Sprache in die Neue Favorita ein, jeder der etwas auf sich hielt, fühlte sich bemüßigt, Italienisch zu lernen.

Es war erstaunlich, wie musikalisch die Habsburgerkaiser jahrhundertelang waren, angefangen von Ferdinand II. bis zu Karl VI. Jeder von ihnen spielte nicht nur mehrere Instrumente, sie komponierten auch selber und dirigierten so manches Orchester, sodass die Geschichte, die entweder von Leopold I. oder Karl VI. kolportiert wurde, höchstwahrscheinlich der Wahrheit entsprach. Denn angeblich soll einer der beiden Kaiser einem Bewunderer seiner Musikalität gesagt haben, dass er es doch vorziehe, Kaiser anstatt Musiker zu sein. Obwohl die Künstler von Leopold I. beinah fürstlich entlohnt wurden. Dies hinderte sie aber nicht daran, ganz plötzlich während einer Aufführung die Instrumente niederzulegen und nicht weiterzuspielen. Ihre Gage musste erhöht werden!

Die Feste in der Neuen Favorita waren mit der Zeit legendär geworden. Alles, was Rang und Namen hatte, traf sich zu den großartigen Veranstaltungen, die während der Sommermonate hier stattfanden. Alles, was an barockem Prunk nur irgend möglich war, wurde hier aufgeboten: Auf künstlich angelegten Teichen im Park fanden Seeschlachten statt, auf der riesigen Bühne tummelten sich prächtig gekleidete mythologische Gestalten, die die Zuschauer in die Unwirklichkeit der Vergangenheit versetzten, begleitet von Balletteinlagen und Wasserspielen. Lady Mary Montagu, die einige Zeit lang in Wien gelebt hatte, berichtete über diese Spektakel im Jahre 1716 an den befreundeten Alexander Pope: »daß ich letzten Sonntag in der Oper war, die im Garten der Favorita aufgeführt wurde und die mir so sehr gefallen hat, daß ich es noch nicht bereut habe, sie gesehen zu haben. Nichts dieser Art war jemals prächtiger, ich kann leicht glauben, was man mir sagte, nämlich, daß die Dekorationen und Kostüme den Kaiser 30 000 Sterling kosten. Die Bühne war über einen sehr breiten Kanal gebaut und am Beginn des zweiten Aktes in zwei Teile geteilt, so daß man das Wasser entdecken konnte, auf welchem sofort zwei Flotten mit goldenen Schiffen erschienen, die eine Seeschlacht aufführten. Es ist nicht leicht, sich die Schönheit dieser Szene vorzustellen …« In all dem Prunk, der hier im Park der Neuen Favorita stattfand, durfte aber auch derber Klamauk nicht fehlen, der die hohen Herrschaften amüsierte. Denn Lady Montagu berichtete, dass zwei Schauspieler direkt vor den hohen Herrschaften die Hosen herunter ließen, wobei die Durchlauchtigsten »sehr zufrieden schienen«.

Viel Geld wurde für die Unterhaltungen ausgegeben, vor allem auch für die Feste, die an den einzelnen Gedenktagen stattfanden. Jeder Geburtstag, Namenstag, ja sogar Sterbetage wurden in dem prächtigen Schloss ausgiebig gefeiert, die Namenstage der Kaiserinnen wurden eigens um ein paar Monate verschoben, denn man wollte unbedingt in der Favorita, wo man während des Sommers weilte, feiern.

Aber auch ernsthafte Dinge trugen sich hier zu: Als Zar Peter der Große seine Reise durch Europa machte, kehrte er selbstverständlich auch bei Kaiser Leopold I. ein, den er im Krieg gegen die Türken unterstützt hatte. Es war kein unbedingt selbstloser Freundschaftsbesuch, den der Zar durchführte, denn er wollte vom Habsburgerkaiser erreichen, dass Leopold ihn bei seinem Bemühen um Kertsch unterstützte. Zar Peter erschien auch in Wien inkognito, was allgemeines Erstaunen hervorrief, denn bisher hatte man von keinem Herrscher gehört, der ohne offizielles Zeremoniell irgendwelche Auslandsreisen angetreten hatte. Aber Peter war anders als alle anderen, er wohnte zwar nicht in der Favorita, wurde aber hier von Leopold empfangen, der ihn allerdings nicht mit »Majestät« ansprach, sondern nur mit »Herr Bruder«, obwohl er schon den Unterhändlern, die vor dem russischen Herrscher eingetroffen waren, Respekt gezollt und eigens einen Dolmetscher engagiert und bezahlt hatte. Eigentlich verließ der Zar Wien ohne konkrete Zusagen, vielleicht etwas enttäuscht, aber sicherlich von dem Kostümfest beeindruckt, das man ihm zu Ehren gegeben hatte. Ganz dem Stil seines Lebens entsprechend war Peter der Große als friesischer Bauer gekleidet erschienen.

Wichtige Konferenzen lösten die Feste in der Favorita ab, denn die Zeiten waren nach wie vor unruhig. Und die Habsburger waren natürlich als Kaiser in die europäischen Konflikte verstrickt. Der spanische Thron war nach dem Tode Karls II. vakant geworden und Ludwig XIV. war sofort zur Stelle, um seine Ansprüche für seinen Enkel Philipp von Anjou geltend zu machen, da er wusste, dass natürlich die Habsburger ebenfalls Anrecht auf den Thron haben würden. Eine Anhäufung der Macht, sei es nun in den Händen Frankreichs oder Österreichs, schien den übrigen europäischen Mächten gefährlich. Man einigte sich schließlich in einem Kompromiss, der in den Räumen der Neuen Favorita geschlossen wurde, dass nicht der älteste Sohn von Kaiser Leopold I. Joseph sowohl über die östlichen habsburgischen Länder als auch über Spanien herrschen, sondern dass Spanien von seinem jüngeren Bruder Karl regiert werden sollte. In einem feierlichen Staatsakt in der Favorita wurde diese Regelung besiegelt – die allerdings durch den frühen Tod von Kaiser Joseph I. schließlich null und nichtig war.

Als hätte man geahnt, dass in der Zukunft ein Mangel an männlichen Nachkommen eintreten würde, beschloss man noch am gleichen Tage, es war der 12. September 1703, das so genannte »Pactum mutuae successionis«, ein geradezu modernes Abkommen, das die weibliche Nachfolge garantieren sollte, zunächst jedoch nur für die Töchter Josephs I. In Anwesenheit der Spitzen des Reiches, unter denen nur Prinz Eugen und ein Kardinal fehlten, wurde diese Vereinbarung unterzeichnet, die gleichsam der Vorläufer war für die spätere »Pragmatische Sanktion«, durch die Maria Theresia die Regierungsgeschäfte im Habsburger Reich übernehmen konnte.

Freud und Leid spielten sich gleichermaßen in den Räumlichkeiten und Parks der Neuen Favorita ab, Maria Theresia wurde hier geboren und verlebte im Schloss eine unbeschwerte Kindheit und Jugend, hier verliebte sie sich in den lustigen Franz Stephan von Lothringen, hier aber starb auch ihr Vater Kaiser Karl VI. in der Nacht vom 19. zum 20. Oktober 1740 ganz plötzlich in einem Gartenzimmer, in dem heute noch am Sterbtag des Kaisers eine Messe gelesen wird. Vielleicht gedachte Maria Theresia nach dem plötzlichen Hinscheiden ihres Vaters auch der Kaiserwitwen, die hier ihre letzten Lebensjahre verbrachten. Traurig verließ sie das Schloss und kehrte nie mehr zurück.

Heute wird im Sommer zumindest ein kleiner Teil des Parks durch den Wiener Operettensommer neu belebt. Im Sommer 2010 öffnete der Park seine Pforten für die »Lustige Witwe«. Vielleicht spürten manche Besucher zu den Klängen der Leharmusik noch einen kleinen Hauch der vergangenen glanzvollen Feste!

Eine Florentinerin herrschte
im Land Tirol

Nach dem Willen der Eltern sollte Claudia de' Medici,
die am 4. Juni 1604 in Florenz das Licht der Welt
erblickt hatte, möglichst früh heiraten, weshalb sich der
Großherzog der Toskana Ferdinand I. schon nach
einem passenden Gemahl umsah, als das Mädchen
kaum vier Jahre zählte.

Die Wahl des Vaters war auf Federico Ubaldo della Rovere
aus Urbino gefallen, sehr zur Freude des zukünftigen Herzogs, der allerdings mit seinen 16 Jahren fürchten musste,
dass die reiche Claudia vielleicht doch noch einem anderen
Bewerber die Hand fürs Leben reichen könnte. Denn an
Bewunderern mangelte es dem jungen Mädchen wahrlich
nicht. Um auf Nummer sicher zu gehen, schrieb der Jüngling daher an seine Auserwählte einen glühenden Liebes-
brief, der in seiner blumigen Sprache das Herz der begehrten Claudia erobern sollte. Diese ungewöhnliche Liebes-
erklärung bewirkte, dass Claudias Enttäuschung riesengroß
war, als sie erfuhr, dass alles Lug und Trug war, was ihr Federico vorgegaukelt hatte. Denn der junge Mann war längst
den Verführungskünsten einer Schauspielerin erlegen, was
sollte ihm schon die kindliche Claudia bieten, die noch dazu
in einem Kloster erzogen worden war. Um seiner jungen
Frau gleich von Anfang an zu zeigen, wie er sich sein zukünftiges Leben vorstellte, ließ er seiner Geliebten neben dem
ehelichen Schlafzimmer Gemächer zuweisen.

Wie anders hatte sie sich die Ehe vorgestellt, die sich bisher nur mit Musik und Malerei, dem Lesen antiker Schriftsteller und mit feinster Stickerei beschäftigt hatte. Jetzt erklärte man ihr rund heraus, dass sie in der Zukunft eine einzige Aufgabe zu erfüllen hatte, möglichst vielen Prinzen das Leben zu schenken, um die Erbfolge im Land abzusichern. Dazu sollte es freilich nicht kommen, denn schon nach vierjähriger Ehe starb Federico, wahrscheinlich nach einem epileptischen Anfall. Claudia, die eine Tochter geboren hatte, kehrte als 19-jährige Witwe nach Florenz zurück, da die Gesetze Urbinos es untersagten, dass eine Frau das Land regierte.

Es war für die großherzogliche Familie nahezu selbstverständlich, dass Claudia nicht lange Witwe bleiben sollte. Verschiedene Heiratskandidaten schauten begehrlich nach Florenz, wobei freilich einer das Rennen um die junge Frau machte, mit dem eigentlich keiner gerechnet hatte: Erzherzog Leopold, der Bruder Kaiser Ferdinands II., ein absoluter Außenseiter als Eheanwärter, da er zunächst aus familienpolitischen Gründen für den geistlichen Stand bestimmt gewesen war. Aber Leopold war ein lebensfroher, gut aussehender, sinnlicher Mann, für den der Zölibat nicht geschaffen war. Er liebte das pralle Leben und die Frauen, vor allem aber prunkvolle Feste, Maskeraden und Rossballette. Das Geld zerrann ihm zwischen den Fingern, sodass in seinen Geldtruhen sehr rasch der Hund am Boden zu sehen war. Plötzlich stand er vor einem Berg voller Schulden. Um aus dem Dilemma herauszukommen, gab es für ihn nur eine Lösung: Er legte sein Kirchenamt zurück und im Einvernehmen mit seinem kaiserlichen Bruder warb er um die Hand der reichen Claudia de' Medici. Da er aber bisher nur schöne Frauen geliebt hatte, wollte er sich über das Aussehen seiner Zukünftigen vergewissern, denn es war ihm zu Ohren gekommen, dass Claudia mit 16 Jahren an den Pocken erkrankt war. Wie leicht hätte es sein können, dass ihr Gesicht Spuren, ja sogar Narben dieser Krankheit aufwies. Zu Leopolds Freude zerstreuten sich seine Befürchtungen in Nichts, er fand in Claudia die ideale Frau, mit der er, wenn auch nur für kurze Zeit, glücklich werden konnte.

Als Claudia, durch den Lebensstil der Medici in Florenz und die Kultur in Oberitalien verwöhnt, über die Alpen in ihre neue Heimat Innsbruck zog, wusste sie noch nicht, was sie hier im kalten Norden erwarten würde. Aber eines hatte ihr Leopold versprochen, sie sollte an nichts Mangel leiden. Denn schon vor längerer Zeit war Innsbruck zu einer Kulturmetropole geworden, hier wusste man, wie man das Leben genießen konnte, bunte Bälle, Scharaden wechselten mit Hochwildjagden, üppige Gastereien machten den Alltag zum Fest. Als Kunstliebhaber und Theaterfreund unterstützte der Erzherzog die Künstler großzügig, er setzte den Wunsch seiner Gemahlin auf ein festes Gebäude für Theater- und Opernaufführungen in die Tat um und ließ in den Jahren 1629/30 die Dogana in Innsbruck erbauen, die das erste gemauerte Theatergebäude im gesamten deutschen Sprachraum sein sollte. Claudia genoss den Luxus, der sie umgab, sie liebte das Leben an der Seite Leopolds, obwohl sie ständig in anderen Umständen war. Sie hatte sich eigens aus Florenz einen Gebärstuhl bringen lassen, um auf diese Weise ihren fünf Kindern in den nächsten sechs Jahren das Leben zu schenken, zwei Knaben und drei Mädchen. Das letzte Kind allerdings kam erst nach dem plötzlichen Tod Leopolds zur Welt.

Als ihr Gemahl im Jahre 1632 plötzlich starb, brach für Claudia de' Medici eine Welt zusammen. Mit nur 29 Jahren war sie zum zweiten Mal Witwe geworden, aber im Gegensatz zu Urbino boten ihr der Kaiser, aber auch die Tiroler die

Regentschaft für ihren minderjährigen Sohn Ferdinand Karl an. Und man hatte mit ihr keine schlechte Wahl getroffen! Denn niemand hatte ahnen können, wie viel politisches Geschick und diplomatische Kraft in der immer noch jungen Frau steckten. Mit voller Energie ging sie ans Werk, wobei sie von klugen Beratern wie ihrem Kanzler Wilhelm Biener, dem ein trauriges Schicksal nach ihrem Tod beschieden war, unterstützt wurde. Denn die vorübergehende Landesmutter regierte in einer schrecklichen Zeit. Um Tirol herum tobte der 30-jährige Krieg mit all seinen Grausamkeiten und Unmenschlichkeiten. Alles, was sie tun konnte, war, das Land aus den Kämpfen herauszuhalten. Dabei scheute sie nicht, gegen die Stände Entscheidungen zu treffen und mit dem Kaiser und den Spaniern gemeinsame Sache zu machen. Als die aufgebrachten Stände durch ihre Vertreter bei ihr protestierten, soll sie die Bemerkung fallen gelassen haben: »Geht es nicht mit den Ständen, dann eben ohne sie!«

Bald mussten aber auch die Übelwollendsten erkennen, was für eine ausgewogene Politik die Erzherzogin betrieb. Sie kümmerte sich gleichsam um alles, was Tirol betraf, wobei sie ein Leben lang versuchte, neue Länder im Westen zu erwerben, damit ein geschlossenes Gebiet entstehen konnte, das unter Tiroler Herrschaft stand. Bis hinein nach Würtemberg gelang es ihr, Ländereien einzuverleiben, die nach ihrem Tod allerdings sehr rasch verloren gingen.

Von all dem bekam der einfache Tiroler freilich nichts mit. Er sah nur mit Erstaunen, dass in Innsbruck plötzlich gepflasterte Straßen gebaut wurden und dass man den Unrat aus der Stadt entfernte, sodass die engen Gassen nicht von bestialischem Gestank erfüllt waren. Diese hygienische Maßnahme sah die Regentin als unumgänglich notwendig an, nachdem marodierende Söldner bei ihrem Zug durch

Tirol die Pest eingeschleppt hatten. Sauberkeit und Ordnung, auch in persönlichen Dingen, war für die Regentin
oberstes Gebot. Ehebrecher wurden streng bestraft, den von
den Männern ins Unglück gebrachten Kindsmörderinnen
allerdings stand sie etwas milder gegenüber. Auch die zum
Rad und Vierteilen Verurteilten wurden auf ihr Geheiß hin
zuerst getötet, bevor man sie aufs Rad flocht. Das Dirnen-
wesen wurde verboten, genauso wie das Bestechen von
Beamten, wobei sie mit den Strafen nicht zimperlich war.

Was niemand zunächst für möglich gehalten hatte, trat
ein: Man bewunderte die Aktivitäten dieser Frau, die sich
mit allem beschäftigte, mit dem Ausbau des Handels
genauso wie mit der Unterstützung des heimischen aber
auch fremdartigen Gewerbes wie mit dem Anbau von Maul-
beerbäumen zur Seidenraupenzucht.

Claudia de' Medici war ununterbrochen um das Wohl
Tirols und der dazugehörenden Länder besorgt, so lange, bis
ihr Sohn die Regentschaft antrat. Als »arbeitslose« Frau
alterte sie schnell. Sie erlebte noch das Ende des 30-jähri-
gen Krieges und starb mit 44 Jahren an den Folgen der Was-
sersucht.

Im Wechselbad der Gefühle: Ludwig XIII. von Frankreich

Kaum ein französischer König gibt der Geschichte so viele Rätsel auf wie Ludwig XIII., der beinah ein Leben lang im Schatten starker Menschen seiner Zeit gestanden hatte. Maria de' Medici und Kardinal Richelieu bestimmten sein Handeln.

Es war seine Mutter gewesen, die von allem Anfang an versucht hatte, ihrem ältesten Sohn Ludwig, der am 27. September 1601 das Licht der Welt erblickt hatte, ihren Willen aufzuzwingen, da sich ihr eigener Ehemann Heinrich IV. viel mehr um die schönen Damen bei Hofe kümmerte als um seine Familie oder um die Politik des Landes. Als ein Fanatiker schließlich den französischen König ermordete, war Ludwig erst neun Jahre alt, sodass er in keiner Weise regierungsfähig war. Daher übernahm die Mutter des Knaben, die ehrgeizige zweite Gemahlin Heinrichs, die Regierungsgeschäfte. Maria de' Medici war eine undurchsichtige Frau, die sich wenig um die Erziehung ihres Sohnes gekümmert hatte, jetzt aber mit allen Mitteln versuchte, eine prospanische Politik am französischen Hofe durchzusetzen. Um eine enge Beziehung zum jahrzehntelang feindlichen Nachbarland herzustellen, wurde eine aufwändige Doppelhochzeit vereinbart: Ludwig sollte Anna von Spanien, die Tochter von König Philipp III., heiraten und im Gegenzug die französische Elisabeth den spanischen Dauphin Philipp. Dass die beiden Bräute und ihre zukünftigen Ehemänner noch allesamt halbe Kinder waren, das störte die jeweiligen Brauteltern am allerwenigsten. Auf Gefühle anderer nahm man in dieser Zeit selten Rücksicht, wichtig waren die politischen Verbindungen und ihre Auswirkungen.

Der junge Ludwig, der nicht am Königshofe erzogen worden war, wo er ohnehin nur das ausschweifende Leben seines Vaters miterlebt hätte, war ein schüchterner, in sich gekehrter Knabe, dem man durch Prügel jedwede Fröhlichkeit ausgetrieben hatte. Wo es ging, mied er jede größere Gesellschaft, da er in aller Öffentlichkeit als Stotterer kaum einen vernünftigen Satz vor Aufregung herausbrachte. Wahrscheinlich sah dieser 14-jährige Jüngling seiner Verheiratung mit außerordentlich gemischten Gefühlen entgegen. Als er aber die entzückende Braut mit ihrem leuchtend blonden Haar und den grünen Augen vor sich sah, vergaß er seine Zurückhaltung und ging freudig auf Anna zu. Auch sie fühlte sich seltsamerweise zu dem wenig attraktiven Burschen hingezogen, was niemand vermutet hätte, sodass alle, die die jungen Leute sahen, den Eindruck hatten, dass die beiden einander zugetan sein würden. Es wäre auch alles gut gegangen, hätte man nicht den Prinzen geradezu gezwungen, die Ehe in der festgesetzten Nacht zu vollziehen, denn nur so war gewährleistet, dass das Band zwischen Frankreich und Spanien auch tatsächlich gefestigt sein würde. Die Höflinge, die vorher schon durch anzügliche Witze den jungen Mann erschreckt hatten, verhielten sich unglaublich indiskret, auch der Auftrag, Ludwig nach einem zweistündigen Beisammensein mit Anna körperlich zu untersuchen, wurde ohne Zögern vom Leibarzt des Prinzen durchgeführt. Den Schock dieser ersten kurzen Nacht vergaß Ludwig nicht, solange er lebte.

Die Folge dieser Peinlichkeit war, dass der König sich vier Jahre lang weigerte, die Gemächer seiner jungen Frau zu betreten, die mittlerweile zu einer weit über die Grenzen Frankreichs hinaus bekannten Schönheit geworden war. Aber Ludwig empfand nicht viel für die Reize von Damen, er umgab sich lieber mit schönen jungen Männern, die Einfluss auf ihn und seine Politik nehmen sollten. Einer seiner bedeutendsten Günstlinge war der Herzog de Luynes, wobei man jedoch annehmen muss, dass Ludwig, der ohne Vater aufgewachsen war, in dem Herzog eher einen väterlichen Freund gesehen hatte.

Ludwig XIII. war in keine leichte Zeit hineingeboren worden, in und um Frankreich gärte es, verschiedene Machtströmungen machten sich bemerkbar, und die eigene Mutter sägte am Image des Sohnes, wobei sie sich ihrer italienischen Günstlinge bediente. Wollte der junge König – Ludwig war mit vierzehn Jahren für volljährig und damit regierungsfähig erklärt worden – tatsächlich seine politischen Ansichten durchsetzen, musste er gegen die Mutter und ihre Klüngel vorgehen. Was Maria de' Medici von ihrem ängstlichen Sohn nie erwartet hätte, trat ein: Ludwig ließ Concino Concini, den Favoriten seiner Mutter, hinrichten und schickte Maria de' Medici nach Blois in die Verbannung. Es sollte der erste Streich des Sohnes gegen die Mutter sein!

1620 söhnte sich der König jedoch wieder mit seiner Mutter aus, ohne dass er ihre ununterbrochenen Intrigen durchschaut hätte, durch die sie sich selber die Fallstricke legen sollte. Viel zu viele Schwierigkeiten gab es für den jungen König im Land zu bekämpfen, die Hugenotten versuchten in Südfrankreich durch Aufstände ihre religiösen Ansichten durchzusetzen, mit den oberitalienischen Stadtstaaten kam es zu Spannungen und immer wieder stand ein Krieg mit Spanien drohend vor der Tür. Für Ludwig erwies es sich schließlich als Glück, dass seine Mutter einen Mann begünstigte, der die politischen Fäden straff in seinen Händen spannte: Kardinal Richelieu, den der König 1624 in den Staatsrat berief, sehr zum Unmut seiner Gemahlin Anna. Denn seltsamerweise hatte sich das Verhältnis zwischen Ludwig XIII. und seiner schönen Ehefrau gebessert, da der König eingesehen hatte, dass er unbedingt einen Erben brauchen würde. Zum Erstaunen aller begann er seiner Gemahlin regelmäßig Besuche abzustatten, was von den Hofschranzen genauestens registriert wurde. Mehrere Fehlgeburten der jungen Königin waren die Folge des rastlosen Bemühens von Seiten des Ehemannes, die in einer besonderen Tragödie gipfelten: Die Königin hatte, jung und dynamisch wie sie war, an einem Wettrennen teilgenommen, zu dem sie von ihren Freundinnen animiert worden war. Dabei rutschte sie auf dem spiegelglatten Parkett aus und verlor wieder ein Kind. In seinem Zorn über das unvorsichtige Verhalten seiner Gemahlin zog sich Ludwig wieder 15 Jahre von Anna zurück. Sie galt für ihn als Unperson, die er weder begehrte noch beachtete, sie aber in einer Art boshafter Eifersucht bewachen ließ, er duldete in ihrer Nähe kein männliches Wesen. Er selber wandte sich wieder den schönen Knaben, aber auch ab und an einer Favoritin zu. Vielleicht hätte es den späteren König Ludwig XIV. niemals gegeben, hätte nicht die Natur Schicksal gespielt. In einer Sturmnacht blieb dem König nichts anderes übrig, als sie im Bett der Königin zu verbringen. Neun Monate später erblickte der Sonnenkönig das Licht der Welt, der als Inbegriff des absolutistischen Herrschers gilt. Dabei war es sein mutmaßlicher Vater, der unter dem Einfluss des mit allen Wassern gewaschenen Richelieus die Stände allmählich ausschaltete und auch die Adeligen Frankreichs ihrer Macht beraubte, wobei Ludwig XIII. zunächst vor allem gegen die eigenen Familienmitglieder vorgehen musste. Denn innerhalb seiner Familie schwelte es an allen Ecken und Enden, wobei Maria de' Medici nach wie vor ihre Hände im Spiel hatte. Den Krieg mit Spanien konnte sie allerdings nicht verhindern, genauso wenig wie den Eintritt Frankreichs in den 30-jährigen Krieg, wobei Richelieu als Staatsmann, aber auch als katholischer Kardinal die Schweden und Protestanten in Deutschland unterstützte. Sein Ziel war die Schwächung Habsburgs ohne jedes Wenn und Aber! Der Weg Frankreichs zur europäischen Großmacht war nicht mehr aufzuhalten.

Obwohl Kardinal Richelieu über großes politisches Geschick verfügte, hatte er doch immerwährende Schwierigkeiten, den König, der zu Zornesausbrüchen neigte, von seinen Ideen zu überzeugen. Er äußerte sich nicht nur einmal über die Probleme, die sich für ihn auftaten: »Ganz Europa bereitet mir nicht so viel Kopfzerbrechen wie die Vier Quadratmeter des königlichen Kabinetts«.

Ludwig XIII. war ein Leben lang ein Zerrissener, der keinen Ruhepol innerhalb der Familie fand. Seine Mutter starb schließlich in Köln in der Verbannung, total verarmt. Seine Geschwister standen ihm stets feindlich gegenüber und bei den beiden Söhnen Ludwig und Philipp zweifelte er an seiner Vaterschaft. Seine Gemahlin bedeutete ihm nichts. Als er mit nur 41 Jahren starb, atmeten wahrscheinlich alle auf.

Nicht nur die Schönheit seines Geistes entzückte die Königin von Frankreich

Alles an dem jungen italienischen Nuntius Guilio Mazarini, der eines Tages am französischen Hofe seine Aufwartung machte, erregte die Sinne der schönen Anna von Österreich, der Gemahlin König Ludwigs XIII.

Die Karriere des ungewöhnlich gut aussehenden Mannes, der aus einer italienischen Bürgerfamilie stammte, glich beinah einem Märchen. Denn schon in jungen Jahren standen dem 1602 geborenen Guilio beinah alle Türen offen. Wahrscheinlich waren es seine ganz persönliche Ausstrahlung und seine hohe Intelligenz gewesen, durch die der Papst, Urban, auf ihn aufmerksam geworden war. Eine Laufbahn in der päpstlichen Armee schien ihm sicher zu sein. Aber Guilio wollte mehr. Als der heilige Vater sich weigerte, ihn ohne kirchliche Weihen zum Kardinal zu ernennen, kehrte der junge Mann seiner Heimat den Rücken und suchte sein Glück in Frankreich, wo er schon sehr bald die Aufmerksamkeit des alles bestimmenden Kardinals Richelieu auf sich zog. Der gewiefte Politiker und Staatsmann, in dessen Händen der französische König Ludwig XIII. immer mehr zur Marionette herabgesunken war, erkannte in Guilio Mazarini einen eventuellen würdigen Nachfolger.

Mazarini war ein Traummann in jeder Hinsicht, vom Scheitel bis zur Sohle perfekt, manchmal sogar nicht seiner Zeit entsprechend. Denn anders als die meisten Zeitgenossen badete er täglich, was im 17. Jahrhundert ganz besonderes Erstaunen hervorrief, da man auf Körperhygiene auch in allerhöchsten Kreisen kaum Wert legte. Schon von weitem konnte man riechen, wenn der schöne Italiener sich näherte, der Duft seines Parfums erfüllte die Gänge und berauschte die Sinne. Es war kein Wunder, dass auch die Gemahlin des Königs von dem ungewöhnlich attraktiven Mann hingerissen war. Noch dazu, wo Anna von Österreich, die Schwester des spanischen Königs Philipp IV. seit Jahren mit Ludwig XIII. unglücklich verheiratet war. Den König interessierte seine bezaubernde Frau herzlich wenig, er bevorzugte junge schöne Männer, sodass seine Gemahlin ein Schattendasein zu führen gezwungen war. Erst als die Frage nach einem Nachfolger, nach einem Dauphin, immer dringender gestellt wurde, entschloss sich Ludwig, mit seiner Gemahlin intimen Kontakt aufzunehmen. Drei Fehlgeburten waren die Folge seiner Bemühungen, die letzte auf Grund eines Sturzes, den sich Anna bei einem Wettlauf zugezogen hatte. Als Ludwig die Hintergründe dieses neuerlichen Abortus erfuhr, galt sein ganzer Zorn seiner Frau, sodass er sich erneut abweisend und jahrelang abstinent zeigte. Ja er trug sich sogar mit dem Gedanken, Anna von seinem Hofe zu verbannen. Wahrscheinlich war es das Verdienst Kardinal Richelieus, dass Ludwig XIII. von seinem Vorhaben abließ. Anna war zwar zunächst mit dem Berater ihres Gemahls auf Kriegsfuß gestanden, hatte sich aber auf Grund von verschiedenen Intrigen, die gegen Richelieu, aber auch gegen sie selber ausgeheckt worden waren, mit dem Kardinal verständigt. Seine Fürsprache bewirkte, dass Anna bleiben konnte und wie durch ein Wunder am 5. September 1638 einem Knaben das Leben schenkte, dem späteren König Ludwig XIV. Der Sohn hatte sein Leben einem seltsamen Zufall zu verdanken: Denn neun Monate vor seiner Geburt wollte der König eine Reise nach Saint-Maur unternehmen. Alles war arrangiert gewesen, auch das königliche

Bett hatte man vorausgeschickt, als Boten ein heraufziehendes Unwetter meldeten. Um sich nicht dieser Gefahr auszusetzen, blieb Ludwig XIII. nichts anderes übrig, als die Nacht in den Gemächern seiner ungeliebten Gemahlin zu verbringen.

Der König brachte kein großes Opfer, denn Anna galt auch in späteren Jahren noch als ungewöhnliche Schönheit mit ihrem hellblonden Haar, den grünen Augen und der ebenmäßigen Gestalt. Das Auffallendste an ihr aber sollen ihre Hände gewesen sein, die sie wie einen Schatz pflegte. Bei ihren Tode fand man in ihrem Nachlass allein 350 Paar Handschuhe. Wenn Anna auch zu Lebzeiten Ludwigs XIII. gezwungen war, ein eher dürftiges Leben zu führen, so änderte sich dies nach dem Tode ihres Gemahls im Jahre 1643 schlagartig. Längst war aus der rechten Hand Kardinal Richelieus, aus dem Italiener Guilio Mazzarini der Franzose Jules Mazarin geworden, der nach dem Tod Richelieus die Politik Frankreichs bestimmte, aber auch das Herz der schönen Königin gewonnen hatte. Schon zu Lebzeiten ihres Gemahls, der Mazarin den Ehrentitel »mon cousin« verliehen hatte, wollten die Gerüchte nicht verstummen, dass der schöne Mann mehr für die Königin war als ein charmanter, amüsanter Plauderer. Es wäre auch kein Wunder gewesen, dass die umschwärmte, aber dennoch von ihrem Gemahl stets mit Misstrauen beobachtete Anna sich in Mazarin, der mittlerweile ohne weitere Schwierigkeiten zum Kardinal ernannt worden war, verliebt hätte. Viele geheimnisvolle Briefe, die teils in verschlüsselter Form abgefasst waren, zeugen von der innigen Verbundenheit, die zwischen der Königin und dem Kardinal herrschte. Dabei ging es Anna nicht nur um ihre eigenen Gefühle, auch die Zukunft ihres ältesten Sohnes hatte sie im Auge. Denn es war keineswegs sicher, dass Ludwig einmal als der Vierzehnte den Thron besteigen würde, denn die Brüder ihres Gemahls standen an der Spitze so mancher Verschwörung. Kaum hatte Ludwig XIII. die Augen für immer geschlossen, regten sich massive Widerstände gegen die »Spanierin« als Regentin – immerhin war der Krieg mit Spanien noch in vollem Gange und Anna war die Schwester des Hauptfeindes König Philipps IV.

Es waren schwere Zeiten, die auf die Königin, ihre Kinder – sie hatte noch einem zweiten Sohn das Leben geschenkt –, aber auch auf Kardinal Mazarin zukamen. Es bedurfte schon großer politischer Klugheit und eines ungewöhnlich diplomatischen Fingerspitzengefühls, um in diesen kritischen Jahren den Thron nicht zu verlieren. Denn das allerchristlichste Frankreich stand im 30-jährigen Krieg auf der Seite der Protestanten gegen Habsburg, sodass sich im französischen Volk immer lauterer Widerstand gegen die seltsame Bündnispolitik regte. Außerdem wurde von den zu kurz gekommen Familienmitgliedern der Hass gegen den »Italiener« geschürt, der ganz allmählich zwar, doch zielbewusst und stetig, die Politik in Frankreich bestimmte.

Aus dem anfänglich unterschwelligen Murren innerhalb der Bevölkerung und den Hasstiraden des Adels entwickelten sich bewaffnete Revolten, die zur Flucht der Königin und ihrer Kinder, aber auch Mazarins führten, wollte man nicht das Leben riskieren. Die Zustände in Paris und einigen großen Städten drohten völlig außer Kontrolle zu geraten, sodass sich die Königin zunächst gezwungen sah, sich zum Schein von ihrem Berater abzuwenden. Auch Mazarin hatte es in dieser kritischen Situation vorgezogen, sich nach Brühl bei Bonn abzusetzen, nachdem es ihm gelungen war, die Interessen Frankreichs im Westfälischen Frieden 1648 durchzusetzen.

Erst als sich die Situation auch durch das persönliche Engagement der Königin und durch den Regierungsantritt

Ludwigs XIV. etwas beruhigt hatte, kehrte der Kardinal nach Paris zurück, wo er fortan im Palais Mazarin ein luxuriöses Leben führte. Ein Leben lang ein Spieler, liebte er genauso wie Anna die schönen Dinge des Lebens, Theater und die Musik, köstliche Speisen und exzellente Weine, daneben sammelte er kostbare Gemälde, Tapisserien und Bücher. Nach seinem Tode zählte man in seiner Bibliothek 9 000 Bände. Durch die Gunst Ludwigs XIV., dem er in seiner Kinder- und Jugendzeit nicht nur ein Lehrer, sondern vor allem auch Vaterersatz gewesen war, erhielt er einträgliche Güter, außerdem ernannte ihn der König zum Herzog, sodass auch die Mitglieder seiner Familie in weiterer Zukunft eine politische Rolle spielen konnten.

Die wichtigste Person im Leben aber war er für Anna. Die Königin liebte Mazarin von ganzem Herzen, sodass böse Zungen ihr nicht nur eine intensive Liebesbeziehung zu ihm andichteten, sondern sogar eine heimliche Eheschließung. Als Mazarin bereits frühzeitig von verschiedenen Leiden befallen wurde, wich die Königin von Frankreich Tag und Nacht nicht von seinem Krankenlager. Nach seinem Tode im Jahre 1661 ordnete König Ludwig XIV. Hoftrauer an – denn die Familie hatte mit Mazarin einen echten Freund verloren.

Liselotte von der Pfalz schrieb
leidenschaftlich gern Briefe

Obwohl der Vater Kurfürst Karl I. Ludwig von der Pfalz seine lustige, wilde Tochter liebte, schickte er Liselotte mit sieben Jahren zu seiner Schwester Sophie an den Hof von Hannover, wo sie die schönste Zeit ihres Lebens verbrachte.

Denn im kurfürstlichen Elternhaus herrschten nur Zank und Hader, da die Mutter Liselottes, Charlotte von Hessen Kassel, sich nicht damit abfinden wollte, hinter der Mätresse ihres Gemahls zurückstehen zu müssen. Die ständigen Zerwürfnisse hinderten den Kurfürsten aber nicht daran, ab und zu seine Gemahlin zu besuchen, sodass am 27. Mai 1652 ein schmächtiges Mädchen das Licht der Welt erblickte, dem man in einer eiligst zelebrierten Nottaufe den Namen Elisabeth Charlotte gab. Aus dem kaum lebensfähigen Kind wurde allerdings rasch ein strammes Mädchen, der Liebling seines Vaters. Die Trennung der Eltern bedeutete für Liselotte einen echten Schatten, der auf ihre Kindheit fiel, denn die neue Ehefrau, die ehemalige Hofdame Baronin Marie Luise von Degenfeld, die der Kurfürst gleichsam zur »linken Hand« heiratete, war so ganz und gar nicht nach ihrem Geschmack. Zwar verstand sie sich mit ihren Stiefgeschwistern ausgezeichnet, die neue Frau ihres Vaters lehnte sie aber kategorisch ab. Allmählich hatte sie aber andere Sorgen, denn der Vater suchte für sie die besten Lehrer aus, die sie in den weiblichen Tugenden unterrichten sollten. Und das war etwas, was der temperamentvollen Liselotte keineswegs behagte. Später einmal drückte sie ihre Ablehnung aller Weiblichkeit gegenüber so aus: »… den es ist mir all mein leben leydt gewessen, ein weibsmensch zu sein, und churfürst zu sein wehre mir, die wahrheit zu sagen, beßer ahngestanden, als Madame zu sein.«

Aber auch sie hatte sich ihr Schicksal nicht aussuchen können, daher stichelte sie unter Anleitung geduldiger Damen petit point Stickerei und übte sich in graziösem Gang, was ihr besonders schwer fiel, da sie lieber in schweren Stiefeln als in Ballettschühchen dahintrabte. Singen und tanzen waren für sie beinah eine Qual, da sie sich wie ein echter Tanzbär auf dem Parkett benahm, etwas, was ihr später am französischen Hof besonders verübelt wurde. Aber selbst als sie auf Reisen ging, die ihren Horizont erweitern sollten, ahnte sie noch nicht, dass sie schon sehr bald ihre zweifellos vorhandenen weiblichen Reize hätte brauchen können. Wenn sie nur gewollt hätte oder an den richtigen Mann gekommen wäre. Aber Philipp von Orléans war das genaue Gegenteil seines attraktiven Bruders Ludwigs XIV. Für den schwächlichen Philipp hatte Liselotte ihr geliebtes Heidelberg verlassen müssen und auch den Glauben verändert. Sie war vor der Hochzeit vom Protestantismus zum katholischen Glauben ohne wahre Überzeugung übergetreten und hatte sich auch in ihrem späteren Leben nie mit den Lehren des Katholizismus identifizieren können. Alles, was sie für den eher hässlichen Ehemann aufgegeben hatte, war ein sinnloses Opfer, wie sich bald herausstellen sollte. Denn Philipp war ganz offensichtlich homosexuell veranlagt, er hatte nicht nur seine erste Ehefrau auf diese Weise betrogen, sondern setzte seine Neigungen auch bei Liselotte fort. Das einzige Motiv Philipps war, wenn er sich in großen Abständen seiner Ehefrau näherte, der Zwang, einen Sohn zeugen zu müssen, was ihm auch tatsächlich gelang. Für die lebenslustige Liselotte bedeutete diese Hintansetzung durch ihren Ehemann nicht allzu viel, da sie für ihn keine Sympathien empfand und dem ehelichen Beisammensein nichts abgewinnen konnte, wie sie selber in einem Brief schrieb: »Ich habe das Handwerck, kinder zu machen, gar nicht geliebt.« Viel mehr fühlte sie sich zu dem charmanten Bruder Philipps, zu Ludwig XIV., hingezogen, der viele Dinge mit ihr gemeinsam hatte. Obwohl Liselotte den ausschweifenden Lebensstil des Sonnenkönigs ablehnte, war sie wie er eine begeisterte Sammlerin, wobei der König und sie die Gemmen, Münzen und Medaillen, die sie erwarben, austauschten. Es war vieles, was die beiden verband. Ludwig liebte an seiner Schwägerin vor allem ihren Humor und ihre gute Laune, trotz der manchmal für sie nicht ganz einfachen Situation am französischen Königshof, wo man sich über ihr blatternarbiges Gesicht und ihre eher plumpe Gestalt lustig machte. Liselotte nahm das Getuschel, das hinter ihrem Rücken stattfand, gelassen hin, sie wusste, in welchem Intrigenpfuhl sie sich bewegte, aber so lang sie sich der Sympathien des Königs sicher war, konnte ihr niemand etwas anhaben. Stundenlang ritten sie gemeinsam durch die Wälder oder gingen auf die Jagd, um am Abend in der Oper zu sitzen und der Musik zu lauschen. Der Sonnenkönig hatte in seiner pfälzischen Schwägerin eine Gleichgesinnte gefunden, die ihn unterhielt und amüsierte, ihm Leberwurst und Sauerkraut aus ihrer Heimat servierte, ihn aber sexuell in keiner Weise reizte. Daher konnte diese innige platonische Beziehung nur so lange dauern, bis eine Frau kam, die im Bett des Königs eine besondere Rolle spielen sollte: Madame de Maintenon.

Mit ihrem Aufstieg ging der Abstieg für Liselotte in der Gunst des Königs Hand in Hand. Aus vielen ihrer Briefe, die sie an all ihre Stiefgeschwister und Stiefkinder schrieb, ging hervor, wie sehr sie die neue Dame bei Hofe verachtete, von der es sogar hieß, dass der alternde Ludwig sie geheiratet hatte. Liselotte bezeichnete die Maintenon abfällig in ihren Schreiben: »Sie ist nur eine alte Zott, eine Hexe und eine Rompompel«, oder: »Wo der Teufel hinlangt, schickt er eine alte Frau«.

60 000 Briefe schrieb Liselotte im Laufe ihres Lebens, den größten Teil in deutscher, aber ungefähr ein Drittel in französischer Sprache, von denen ungefähr 5 000 erhalten sind. In ihren Briefen beschrieb sie minutiös das Leben am französischen Königshof in einer unverfroren offenen Weise. Sie nahm sich nie ein Blatt vor den Mund und hielt nicht mit ihrer beißenden Kritik an der Unnatürlichkeit und übertriebenen Prunksucht zurück.

Das Verhältnis zwischen Ludwig XIV. und seiner Schwägerin wurde nicht nur durch die Maintenon zusehends mehr getrübt, sondern vor allem durch den Einmarsch der französischen Truppen in der Pfalz. Es war für den französischen König eine günstige Fügung des Schicksals, dass mit dem Tod von Liselottes Bruder die pfälzische Linie der Wittelsbacher ausstarb, sodass er als Schwager Liselottes Anspruch auf die Pfalz erheben konnte. Was dann geschah, zählte zu den schwärzesten Taten der französischen Truppen, denn sie zerstörten nicht nur das altehrwürdige, schöne Schloss von Heidelberg, sondern plünderten und wüteten in der gesamten Pfalz. Liselotte konnte diese Untaten, an denen auch ihr eigener Mann beteiligt war, niemals verzeihen. Sie schrieb: »Das macht mir das Herz bluten, und man nimmt mir es noch hoch vor Übel, dass ich traurig drüber bin.«

Obwohl Liselotte ein unpolitisches Leben in Frankreich geführt hatte, erlebte sie die Situation, die erste Dame im Staat zu werden. Philipp von Orléans hatte im Jahre 1701 die Augen für immer geschlossen, und als ihm sein Bruder Ludwig XIV. im Tode nachfolgte, war der Dauphin erst ein unmündiges Kind. Daher wurde Liselottes Sohn Philipp II. von Orléans vorübergehend Regent von Frankreich.

Um ihre angeheiratete französische Familie kümmerte sich Liselotte rührend, vor allem trat sie für ihre Stieftöchter ein und versuchte, traurige Schicksale abzuwenden. Mit Ludwig XIV. geriet sie dabei beinahe in Streit, denn er hatte beschlossen, Marie Louise, die älteste Stieftochter Liselottes, dem geistig umnachteten Karl II. von Spanien zur Frau zu geben. Da man bis an den französischen Hof die Gerüchte über den debilen jungen Mann gehört hatte, wehrte sich das Mädchen verzweifelt gegen diese absurde Heirat, was ihr trotz der Unterstützung durch ihre Stiefmutter nichts nützte.

Ihre eigenen Nachkommen sollten später noch einmal Karriere machen, als man Louis Philippe in den Jahren nach der französischen Revolution als Bürgerkönig einsetzte.

Liselotte von der Pfalz ging als starke Frau in die Geschichte ein, die es verstand, allen Widerwärtigkeiten des Lebens zu trotzen. Als sie mit 70 Jahren starb, hatte sie sich jeden Pomp bei ihrer Beisetzung verbeten. Man hielt sich an diesen letzten Wunsch.

Der heißersehnte Sohn war eine Tochter

Als seine zweite Tochter in der Wiege lag, brach für den ruhmbedeckten schwedischen König Gustav Adolf zwar nicht eine Welt zusammen, aber seine Enttäuschung war riesengroß.

Daher gab er gleich nach der Geburt Christinas den seltsamen Auftrag, dieses Mädchen, das eventuell seine Nachfolgerin auf dem Thron sein konnte, wie einen Buben zu erziehen, als hätte er im Jahre 1626 bereits geahnt, dass ihm das Schicksal einen Sohn verweigern würde. Denn sechs Jahre später fiel Gustav Adolf in der Schlacht bei Lützen.

Der Reichsrat, der unter der Führung von Axel Oxenstierna die Regierungsgeschäfte für das unmündige Kind führte, hielt sich an die Vorstellungen des Königs und sah darauf, dass die kleine Christina keinerlei weiblichen Umgang pflegen konnte, ja selbst von der eigenen Mutter trennte man das Mädchen, da Marie Eleonore von Brandenburg nach dem Tod ihres Mannes immer mehr in Depressionen verfiel. Man engagierte für die Königstochter die besten Lehrer, als man merkte, welch wacher Geist in dem kleinen Mädchen wohnte. Christina wurde in den wichtigsten Sprachen unterrichtet, die sie später perfekt beherrschen sollte. Daneben sah man in ihr einen kleinen Haudegen, sie ritt wie der Teufel und fürchtete sich vor niemandem. Immerhin sollte sie in ein paar Jahren die schwedische Königskrone tragen, in einer Zeit, die von den Kriegswirren in ganz Europa geprägt war. Wenn schon kein Sohn Gustav Adolfs auf dem Thron sitzen würde, so doch auch nicht eine zickige Frau, sondern ein »ganzer Mann«. Daher war man beinahe glücklich, dass Christina von klein auf die Mädchenkleider ablehnte, sich nur in Hosen dem Volk zeigte, eine absolute Seltsamkeit zu Beginn des 17. Jahrhunderts, in der die Frau nach dem spanischen Hofzeremoniell gekleidet zu sein hatte, voluminös, jedoch mit eng geschnürter Taille. Aber als Protestantin hatte sich Christina nicht an Spanien zu orientieren, sie leugnete auf ihre Weise ihre Weiblichkeit: »Ich hatte einen unüberwindlichen Abscheu und Widerwillen gegen alles, was die Frauenzimmer tun und sagen … Ihre engen, umständlichen Kleider konnte ich nicht ausstehen. Ich achtete nicht auf meinen Teint, meine Figur oder wie ich sonst aussah. Nie trug ich einen Hut oder eine Larve, und fast nie zog ich Handschuhe an. Ich verachtete alles, was zu meinem Geschlecht gehörte, Sittlichkeit und Schicklichkeit kaum ausgenommen … Ich hatte überdies eine unübersteigliche Ungeschicklichkeit zu allen ihren Handarbeiten.«

Sie lebte und dachte als Frau gegen ihre Zeit, indem sie aus ihrer Gelehrsamkeit kein Hehl machte. Gebildet wie sie war trachtete sie danach, geeignete Gesprächspartner um sich zu haben. Bekannte Gelehrte und Künstler wurden in ihrem Auftrag an den schwedischen Hof berufen, die sie beim Ausbau der Universität Uppsala unterstützten. Dabei war es für ihre Umgebung keineswegs leicht, den Ansprüchen der Königin, die im Jahre 1650 gekrönt worden war, zu genügen, denn sie hatte seltsame Vorlieben. Mit dem Philosophen und Mathematiker Rene Descartes diskutierte sie am liebsten um fünf Uhr morgens, was der Gesundheit des Franzosen sehr schlecht bekam. Er starb schon ein Jahr, nachdem er nach Stockholm gekommen war.

Schon einige Zeit bevor Christina den Thron bestieg, waren in ganz Europa Gerüchte im Umlauf, dass die Tochter des protestantischen Helden Gustav Adolfs sich mit den Lehren der katholischen Religion auseinander zu setzen begann. Sie ließ sich von Jesuiten die Unterschiede zwischen den beiden religiösen Strömungen genauestens erklären, wobei sie sich immer mehr zum Katholizismus hingezogen fühlte. Die kriegsführenden katholischen Parteien im 30-jährigen Krieg witterten dadurch eine große Chance, vielleicht würde die schwedische Königin konvertieren, womit eine bedeutende protestantische Macht außer Gefecht gebracht werden würde. Nicht nur Frankreich und Spanien setzten auf diese Karte, auch der habsburgische Kaiser Ferdinand III. sandte geschickt heimliche Botschafter nach Schweden, um die Stimmungslage Christinas zu sondieren.

Vielleicht wäre das schreckliche Gemetzel tatsächlich früher beendet gewesen, hätte sich nicht Christina zur Abdankung entschieden, da man ihr beinah öffentlich nahe gelegt hatte, zu heiraten, um einem Thronfolger das Leben zu schenken. Und das war etwas, was sich die männliche Dame niemals vorstellen konnte. Sie äußerte sich des Öfteren über ihre Abneigung die Ehe betreffend: »Es ist mir unmöglich zu heiraten. So verhält es sich damit. Über meine Gründe schweige ich. Mir steht nicht der Sinn nach einer Ehe. Ich habe Gott innig gebeten, er möge meine Gesinnung ändern, aber es ist … nicht gelungen.«

Wahrscheinlich war auch ihre langjährige Herzensfreundin einer der Gründe für ihre Einstellung Männern gegenüber. Denn 18 Jahre war sie mit ihrer Hofdame Ebba Sparre innig befreundet, sodass nicht nur am schwedischen Hof von einer Liebesbeziehung zwischen den beiden Frauen gemunkelt wurde. Erst nach dem Tod Ebbas dichtete man der längst abgedankten schwedischen Königin Verhältnisse mit Männern an, wie mit ihrem besonderen Vertrauten in Rom, mit Kardinal Azzolino, der sie auch beerben sollte.

Das Leben am Hof in Stockholm war zu keiner Zeit glanzvoller als unter der Regierung Christinas. Die Königin machte sich keine Gedanken darüber, dass nicht nur der Krieg Unsummen Geldes verschlang, sondern auch ihr aufwändiger Lebensstil, sodass das Land bankrott war, als sie die Abdankungsurkunde 1654 zu Gunsten ihres Cousins Karl X. Gustav von Pfalz-Zweibrücken unterschrieb. Vorher hatte sie noch den Auftrag gegeben, Kunstschätze aus ganz Europa nach Schweden bringen zu lassen, wobei die Prager Burg ausgeraubt und große Teile der berühmten Sammlung Kaiser Rudolfs II. gleichsam als »Beutekunst« an den schwedischen Hof gebracht wurden.

Nachdem sie die Regierungsgeschäfte in die Hände ihres Cousins gelegt hatte, verließ sie Schweden, um den Traum ihres Lebens zu verwirklichen. Sie war jetzt frei und konnte ohne Rücksicht auf die Interessen anderer sich ihren Aufenthaltsort und die Religion wählen, die ihr zusagten. Christina ging zunächst nach Antwerpen, umbuhlt von den Abgesandten Spaniens und Frankreichs, die Einfluss auf ihre Entscheidungen nehmen wollten. Der langentbehrte Friede sollte durch sie herbeigeführt werden. Nachdem sie zuerst heimlich zum Katholizismus übergetreten war, wurde der Religionswechsel offiziell in Innsbruck am 3. November 1655 kundgetan, wobei der Papst noch nicht informiert wurde. Tagelang feierte man in glanzvollen Festen die neue Gläubige, bevor sie sich nach Rom aufmachte, wo sie ihren Wohnsitz aufschlagen wollte. Aber Christina sollte nie Privatperson sein können, so wie sie sich das eigentlich vorgestellt hatte. Obwohl sie kaum Geld besaß, da die finanzielle Unterstützung aus Schweden auf sich warten ließ, war sie dennoch eine Frau, um deren Einfluss und Gunst sowohl Frankreich als auch Spanien buhlten, wobei Intrigen, üble Nachreden und lebensgefährliche Drohungen eine große

Rolle spielten, vor allem als Christina doch wieder aus der Rolle der Privatperson zu schlüpfen versuchte, indem sie sich um den Thron von Neapel oder um die polnische Krone bewarb. In beiden Fällen hatte sie keine Chancen. Sie geriet in die Mühle der politischen Gegensätze zwischen Frankreich und Spanien um dieses Gebiet, ihre und Frankreichs Pläne wurden verraten. Als Christina erfuhr, wer hinter dieser Aufdeckung stand, heuerte sie einen Mörder an und ließ den Verräter im Schloss Fontainebleau meuchlings umbringen. Dies trug natürlich nicht zu ihrer Reputation bei. Christina war zwar zum Katholizismus übergetreten und hatte den Namen Maria Alexandra offiziell angenommen, stand jedoch der katholischen Lehre skeptisch bis kritisch gegenüber, ja sie bezeichnet sich als alles andere als eine Betschwester. Da ihre ganze Liebe der Kunst und der Wissenschaft galt, war sie endlich in Rom an der Quelle der Kultur. Hier starb die Tochter des protestantischen Königs Gustav Adolf am 19. April 1689 und wurde im Petersdom beigesetzt.

Der lendengewaltige
August von Sachsen war ein Barockfürst wie aus dem Bilderbuch

Dass er mehr als dreihundert Kinder gezeugt haben sollte, ist höchstwahrscheinlich nur eine der pikanten Geschichten, die sich um die Person des sächsischen Kurfürsten und Königs von Polen ranken. Seine Stärke bewies er allerdings in vielerlei Hinsicht.

Eigentlich war er nicht zum Herrscher als zweiter Sohn Johann Georgs III. von Sachsen und dessen skandinavischer Gattin Anna Sophie geboren worden, als er am 12. Mai 1670 in Dresden das Licht der Welt erblickte. Diese Tatsache prägte seine Jugendzeit, in der er das ungebundene Leben bis zur Neige genießen konnte, wobei er die nötige Bildung durch ausgewählte Lehrer erhielt, sodass er nicht nur verschiedene Sprachen beherrschte, sondern auch im Fechten, Reiten und Schießen gut instruiert war. Wie es damals in den gehobenen Adelskreisen üblich war, begab sich der junge Friedrich August auf die so genannte Grand Tour durch Europa, um seinen geistigen Horizont zu erweitern und sich den Duft der großen weiten Welt um die Nase wehen zu lassen. Dass er schon in jungen Jahren den schönen Damen seiner Zeit sehr zugetan war, bewies eine etwas unrühmliche Episode in Madrid, wo es dem gut aussehenden Sachsen gelungen war, die tugendhafte Marquesa de Manzera zu verführen, was der gehörnte Ehemann keineswegs gelassen hinnehmen wollte. Hals über Kopf gelang es August zu entfliehen, nachdem er erfahren hatte, dass ihm eine Mörderbande auf den Fersen war.

Sein lustiges Leben hatte 1694 ein jähes Ende, als er durch den plötzlichen Tod seines Bruders gezwungen war, dessen Nachfolge als Kurfürst von Sachsen anzutreten. Johann Georg IV. hatte seine über alles geliebte Mätresse auf dem Totenbett geküsst und sich auf diese Weise mit den tödlichen Blattern angesteckt. Als Friedrich August die Regierung im Kurfürstentum übernahm, konnte niemand ahnen, welch dynamischer, kunstsinniger Herrscher das Land in den nächsten Jahrzehnten regieren sollte. Augusts Pläne waren in jeder Hinsicht weitreichend, von seinen militärischen Aktionen auf Seiten der Habsburger gegen die Türken angefangen bis zur Erlangung der polnischen Königskrone. So wenig glücklich er bei seinen Feldzügen war, so sehr drückte er Sachsen seinen Stempel auf und machte aus dem bisher eher unbedeutenden deutschen Kurfürstentum ein barockes Mekka. Dem Stil Ludwigs XIV. nacheifernd gelang es ihm aus Dresden das zu machen, was es bis zum Bombardement 1945 bleiben sollte: Elbflorenz, eine Kunstmetropole in Mitteldeutschland.

Schon in sehr jungen Jahren suchte er seine vielfältigen Ideen zu verwirklichen. Er hatte seinerzeit den absolutistischen Lebensstil des französischen Königs in Paris studieren können, jetzt erkannte er, dass ihm nur grundlegende Reformen in Sachsen und die Abschaffung alles Althergebrachten eine absolute Staatsführung ermöglichen konnten. Und August war der Mann, der konsequent tiefgreifende Reformen durchzog, wobei er die Stände entmachtete und durch indirekte Steuern zu Geld kam. Zukunftsorientiert wie er war, ließ er die erste Staatsbank gründen, führte den Gregorianischen Kalender ein und gründete allein 26 Manufakturen, wobei die Porzellanmanufaktur in Meißen einen nachhaltigen Ruhm in der ganzen Welt haben sollte. Die schnellste Post in Deutschland gewährleistete für ihn Kommunikation und Information, er hatte durch sie das Ohr am Puls der Zeit.

Dass all seine Maßnahmen, die halb Europa in Erstaunen versetzten, Unsummen Geldes verschlangen, war für August kein Problem. Er verkaufte einfach Teile seines Landes gewinnbringend, natürlich auch, um seine grandiosen Feste zu finanzieren, die er zu seinem Ruhm und Glanz veranstalten ließ. In den prachtvollen Parkanlagen wurde getanzt und gelacht, gefeiert und geflirtet, sodass der preußische Abgesandte Michael von Loen darüber folgendes berichten konnte: »Der ganze Garten war beleuchtet und hatte in den beiden Ecken zwei Kabinette zu stillen Vergnügungen. Am Ende großes Besäufnis. Der König wacker in diesem Punkte, allen voraus.«

Zu diesem Zeitpunkt war es August gelungen, wieder die polnische Königskrone zu erlangen. Denn nachdem er sich um den vakanten polnischen Thron beworben hatte, musste er mit etlichen anderen Kandidaten in Konkurrenz treten, wie mit dem französischen Prinzen Luis François von Conti, der mehr Stimmen von den polnischen Königsmachern erhalten hatte als er. Aber August war mit allen Wassern gewaschen, er hatte nicht umsonst vorher den Glauben gewechselt und war als Protestant offiziell in Baden bei Wien zum Katholizismus übergetreten. Ohne diesen Glaubenswechsel wäre er niemals als Kandidat für den polnischen Thron in Frage gekommen. Jetzt wollte er nicht unmittelbar vor Erreichung des Zieles aufgeben. Er befahl seinen Truppen in Polen einzumarschieren und brachte sich die Krone mit, mit der er am 15. September 1697 in Krakau gekrönt wurde.

In Sachsen hatte man mit scheelen Augen den Religionswechsel des Kurfürsten und nunmehrigen polnischen

Königs August II. Mocny verfolgt, befürchtete man doch allgemein, dass der Herrscher nach dem Prinzip: »Cuius regio, eius religio«, also dass auch das Volk die neue Religion annehmen müsste, vorgehen würde. Aber August war in diesen Dingen ein toleranter Mann, er blieb zwar als Katholik nach wie vor das Oberhaupt der Evangelisch-Lutherischen Landeskirche Sachsens, aber sonst beließ er alles beim Alten.

Nicht so in Polen, wo er – wie er dies sicherlich oft bereute – den Nordischen Krieg um Livland mit den Schweden vom Zaune brach, der zunächst seine Absetzung als König mit sich brachte. Es gelang ihm zwar durch Bestechungen und reichlichen Alkoholkonsum bei den entscheidenden Verhandlungen die Krone wieder zu erlangen, aber seine Schlappen in den jeweiligen Kriegszügen schwächten sein Ansehen in Polen überaus, sodass er hier wohl seine städtebaulichen Ideen teilweise verwirklichen konnte, sonst aber eher eine Marionette der polnischen Magnaten darstellte.

Sachsen hingegen blühte unter seiner Regentschaft zu einem Musterland auf, es wurde zu einer echten Oase der Künstler ihrer Zeit. Dabei achtete August der Starke, wie er schon von seinen Zeitgenossen genannt wurde, streng darauf, dass auch das Volk Anteil an den Künsten haben sollte. Die Kunstsammlungen und Museen sollten für jedermann zugänglich sein, er selber kümmerte sich um die Bauweise in Dresden, wo er den Zwinger in Auftrag gegeben hatte. Daneben sollten überall im Land kleine idyllische Landsitze und Schlösschen errichtet werden, wobei die Elbe als großer »Canal grande« miteinbezogen werden sollte.

Friedrich August war als Mann der Tat bekannt, denn man erzählte sich wahre Wunderdinge nicht nur über die Zahl seiner Mätressen, sondern vor allem auch über seine Körperkräfte. So zerbrach er mit bloßen Händen ein Hufeisen, bog vor den Augen des eher entsetzten Schwedenkönigs Karl XII. eine Eisenstange um dessen Leib, sodass sich der junge Mann kaum rühren konnte und verbog harte Münzen zwischen seinen Fingern. Er hatte bei seinen Prunkfesten, die tagelang dauerten und in denen die Nacht zum Tag gemacht wurde, reichlich Gelegenheit, seine Künste den erstaunten Gästen vorzuführen. Aber nicht nur er trat zur Unterhaltung aller auf, Theater, Schauspieler, Sänger, Jongleure und Clowns sorgten für die Stimmung bei den Gelagen, wobei die Hochzeit seines einzigen legitimen Sohnes Friedrich August II. zu einem ausufernden Spektakel wurde, das vom 2. – 28. September 1719 dauerte. Obwohl man August dem Starken eine Unzahl »natürlicher« Kinder mit seinen Mätressen und anderen schönen Damen aus aller Herren Länder zuschrieb, hatte er nur diesen einen Sohn mit seiner Ehefrau Christiane Eberhardine, die von allem Anfang an Eleonore von Kessel neben sich als Mätresse »en titre« ertragen musste, etwas durchaus Übliches in dieser Zeit der Lebensfreude und des Genusses. Augusts Vertrauter Jakob Heinrich von Flemming berichtete über den König: »Sein größtes Vergnügen ist die Liebe, obwohl er nicht soviel Spaß an ihr findet, wie er anderen glauben machen wollte. Er hat geliebt, um Aufmerksamkeit zu erregen.«

Als echter Genussmensch kannte der König auch beim Essen und Trinken kein Maß und Ziel. Dies sollte ihm im Alter von 62 Jahren zum Verhängnis werden. August der Starke erlitt am 1. Februar 1733 einen Schwächeanfall in Warschau, den er nicht überlebte.

Vom Lustgarten zum Exerzierplatz

*Alles veränderte sich schlagartig mit dem Tod König
Friedrichs I. von Preußen, als er am 25. Februar 1713
die Augen für immer schloss und dessen Sohn Friedrich
Wilhelm die Regierungsgeschäfte übernahm, denn der
neue König war das genaue Gegenteil seines Vaters.*

Friedrich Wilhelm I. hatte nämlich nicht nur einen Berg von
Schulden übernommen, der sich durch den aufwändigen
Lebensstil seines Vaters aufgetürmt hatte, sondern auch einen
zerrütteten Staat. Schon als Kind war er mit dem Luxus am
preußischen Hof nicht einverstanden gewesen, die Allonge-
perücken, die edelsteinbesetzten Roben, die üppigen Gelage
und die prunkvollen Gartenfeste empfand er geradezu als
provokante Herausforderung. Wahrscheinlich kam ihm
daher schon in jungen Jahren die Idee, den strengen Solda-
tenzopf und den einfachen Soldatenrock für seine Leute ein-
zuführen. Vieles schrieb er in seinem »Ausgabenbuch« nie-
der, was er einmal reformieren und modernisieren wollte.

Obwohl der »Soldatenkönig«, wie er später genannt wurde,
in Berlin am 14. August 1688 das Licht der Welt erblickt
hatte, beherrschte er weder korrekt das Deutsche, aber auch
nicht einwandfrei Französisch, die Sprache bei Hofe. Obwohl
seine Mutter Sophie Charlotte schon sehr frühzeitig versucht
hatte, dem Sohn die Schönheiten der Kunst zu offenbaren,
stieß sie mit ihrem Vorhaben von Anfang an auf Ablehnung.
Kunst war nicht das, was einen Staat weiterbrachte, nur ein
starkes Heer, das wohl strukturiert war, konnte den Frieden
sichern. Das war schon bald die Auffassung Friedrich Wil-

helms. Deshalb war es für ihn geradezu ein Glücksfall, dass er schon als zehnjähriges Kind das Kommando über ein Kavallerieregiment bekam. Er fühlte sich als echter Oberbefehlshaber und kontrollierte alles, auch die korrekte Bekleidung und die geputzten Waffen der Soldaten.

Mit sechzehn Jahren wurde der Kronprinz für volljährig erklärt, obwohl sein Vater in all seinen Handlungen erkennen musste, dass er in Friedrich Wilhelm einen Nachfolger haben würde, der alles bisher Dagewesene ablehnen und umkrempeln würde. Das Verhältnis zwischen Vater und Sohn war zeitlebens angespannt, denn König Friedrich I. konnte als wahrer Genussmensch die karge Haltung seines Sohnes niemals verstehen. Trotzdem ließ er zu, dass der Sohn schon mit 14 Jahren in den Geheimen Staatsrat aufgenommen wurde und ein Jahr später in den Kriegsrat. Daneben übertrug er ihm das Gut Wustenhausen, das der junge Mann zu einem Mustergut ausbauen ließ, wohin er von Ende August bis Anfang November seine Residenz alljährlich verlegte.

So wie es im beginnenden 18. Jahrhundert üblich war, wurde auch Prinz Friedrich Wilhelm auf Bildungsreisen geschickt, die ihn nach Holland führten. Der junge Mann war nicht nur von der religiösen Einstellung der Niederländer, vom Calvinismus, tief beeindruckt, er empfand auch den Baustil in den flandrischen Städten ungewöhnlich anziehend, sodass er in späterer Zeit das holländische Viertel in Potsdam erbauen ließ. Hier in Flandern erlebte er nach seinen eigenen Aussagen die glücklichsten Tage seiner Kronprinzenzeit, denn es war ihm gestattet worden, am spanischen Erbfolgekrieg teilzunehmen, der einzigen kriegerischen Aktion für den so militärbegeisterten Monarchen!

Eigentlich hätte für ihn diese Zeit in anderer Weise beglückend sein müssen, denn in das selbe Jahr wie seine Anwesenheit im Heer 1706 fiel seine Hochzeit mit Sophie Dorothea, mit der er im Laufe der Jahre 14 Kinder zeugte, die allesamt sehr sparsam und bescheiden erzogen wurden. Statt ausgeklügelten Leckereien kamen Sauerkraut, Schweinebauch, Erbsen und Rindsmaul auf die königliche Tafel, dazu trank man Wasser.

Nach dem Tode Friedrichs I. wurde das Leben bei Hofe völlig verändert. Alle Wertgegenstände wurden veräußert, das Tafelsilber genauso wie die kostbaren Möbel, selbst der Krönungsmantel wechselte den Besitzer, aus den prachtvollen bronzenen Skulpturen wurden Kanonen gegossen und die Musiker der Hofkapelle wurden arbeitslos, denn für den neuen König war Musik keine Kunst, nur bei Georg Friedrich Händel, den er schätzte, machte er eine Ausnahme. Die vielen kleinen Handwerker, die den Hof des Vaters beliefert hatten, wurden mit einem Schlag brotlos, dafür erhielten andere Arbeitslose Großaufträge, wenn sie sich mit dem Militarismus, der am preußischen Hof von einem Tag auf den anderen seinen Einzug hielt, identifizierten. In nur vier Tagen hatte König Friedrich Wilhelm sein Regierungsprogramm ausgearbeitet, in dem an erster Stelle der Abbau der 20 Millionen Talern Schulden stand, die er von seinem Vater übernommen hatte. Dass dieses Ziel nur mit gewaltigen Reformen zu schaffen war, sah so mancher, der von den Gehaltskürzungen betroffen war, selbstverständlich nicht ein. Der König drückte seine Maßnahmen folgendermaßen aus: »… keine Metressen, es beßer zu Nennen Huhren, haben und ein Gottsehliches lehben führen; diße Regenten wirdt Gott mit allen weldt- und geistsehgen beschütten … nicht Sauffen und fressen … keine Komedien, Operas, Ballettes, Masckeradhen, Redutten …«

Friedrich Wilhelm ging beim Sparen mit gutem Beispiel voran, indem er von den 700 Zimmern im Schloss mit seiner Familie lediglich fünf bewohnte. Seine Dienerschaft bestand aus nur zwei Pagen.

Friedrich Wilhelms ganze Liebe galt dem Militär, denn er hatte es als junger Mann erleben müssen, wie russische Truppen im Nordischen Krieg durch preußisches Gebiet gezogen waren, ohne dass man ihnen hätte Einhalt gebieten können. Unter dem »Soldatenkönig« zählte die preußische Armee zu den stärksten in Europa, war von der Pieke auf gedrillt und der Gehorsam der Soldaten war geradezu sprichwörtlich. Um den Adel in die Armee einzubeziehen, sollten hohe Offiziere nur aus dem Adelsstand kommen, etwas, was sich bis in die jüngste Vergangenheit fortgesetzt hatte. Durch diese neue Armee war es Friedrich Wilhelm I. auch gelungen, Nutznießer im Nordischen Krieg zu sein und verschiedene wichtige Ostseehäfen zu bekommen.

Zentrum für sein Königsregiment allerdings waren die »Langen Kerls«, Männer über 1,88 Meter, für die der an sich eher geizige König Unsummen Geldes ausgab. Dass die Werbung dieser Männer teilweise mit dubiosen Methoden zustande kam, sprach sich bald in ganz Europa herum, denn für einen »inländischen Sechsfüßler« zahlte der König 600 Taler und für einen Mann, der mehr als das »Gardemaß« besaß, für einen 1,92 Meter großen »langen Kerl« machte er sogar 3 000 Taler locker. Bald wurden von ausländischen Herrschern dem König jede Menge lange Kerls als Geschenk überreicht, eine größere Freude konnte man Friedrich Wilhelm kaum machen. Den Leuten ging es dabei am Königshof nicht schlecht, sie erhielten neben reichlichem Sold auch Häuser und Grundstücke.

So wenig Friedrich Wilhelm an kulturellen Belangen interessiert war, so erstaunlich war es, dass es unter seiner Herrschaft zur Einführung der allgemeinen Schulpflicht kam, da er auf dem Standpunkt stand, dass jedes Kind zwischen dem fünften und dem zwölften Lebensjahr zur Schule gehen sollte. Über die Schwierigkeiten, die sich aus dem Vorhaben ergaben, berichtete er selber: »Wir vernehmen missfällig und wird verschiedentlich von denen Inspectoren und Predigern bey Uns geklaget, dass die Eltern, absonderlich auf dem Lande, die Schickung ihrer Kinder zur Schule sich sehr säumig erzeigen ...«

Der König, der sich nicht auf ein Gottesgnadentum berief, sondern seine Stellung als Beruf ansah, hatte bald erkannt, dass nur ein durchorganisierter Verwaltungsapparat mit einem pflichtbewussten Beamtentum in der Lage sein würde, den Staat von Grund auf zu reformieren und wirtschaftlichen Aufschwung zu garantieren. Und obwohl er in seinem Innersten überzeugter Calvinist war, stand für ihn religiöse Toleranz an erster Stelle. Er bot den aus Salzburg vertriebenen Protestanten Ostpreußen als neue Heimat an.

Friedrich Wilhelm I., der große Reformer und »Preußens größter innerer König«, steht durch seinen Sohn Friedrich II., den die Geschichte in fragwürdiger Weise den Beinamen »der Große« gegeben hat, zu Unrecht im Schatten. Denn als er am 31. Mai 1740 starb, hatte er aus dem bisher unbedeutenden Preußen einen Staat mit Zukunft geschaffen.

Der König von Schweden war ein ungewöhnlicher Haudegen

Alle, die gegen das Land im Norden zu den Waffen griffen, da sie glaubten, dass der erst 15-jährige König nicht in der Lage sein würde, seine Gebiete zu verteidigen, hatten sich gründlich getäuscht.

Der jugendliche Karl, der nach dem Tode seines Vaters für volljährig erklärt wurde, nahm den Fehdehandschuh sofort auf, der ihm von seinem Cousin, dem dänischen König Friedrich IV., überraschenderweise hingeworfen wurde, was niemand vermutet hätte. Insgeheim hatten Friedrich, Peter der Große von Russland und August der Starke, der Kurfürst von Sachsen und König von Polen war, die Absicht gehabt, die schwedischen Gebiete an der Ostseeküste unter sich aufzuteilen. Mit einer massiven Gegenwehr oder sogar einem Angriffskrieg von Seiten des jungen schwedischen Königs hatte niemand gerechnet.

Aber Karl war schon von Kindheit an ein seltsamer Knabe gewesen, der durch seinen Wagemut bei seinen Erziehern Aufsehen erregt hatte. Er hatte wenige Freunde, denn seinen eigenwilligen Lebensstil vermochten nur wenige zu akzeptieren. Im Sommer schwamm der junge Königssohn, der im Jahr 1682 in Stockholm das Licht der Welt erblickt hatte, bei noch so schlechtem Wetter in den eiskalten Seen, um sich abzuhärten, und im Winter konnte man ihn, wenn seine Gefährten in dicke Pelze gehüllt waren, nur mit einem Speer bekleidet auf den längsten Bärenjagden erblicken.

Und alle, die ihn kannten, waren sich darin einig, dass der junge, einsilbige Mann einmal etwas Außerordentliches bewerkstelligen würde.

Man hatte für den Prinzen die besten Lehrer ausgesucht, wobei einige von ihnen die liebe Not hatten, dem eigenwilligen Schüler die Schönheiten ihres Faches nahe zu bringen, denn seine Interessen waren einseitig ausgeprägt. So zeigte sich seine mathematische Begabung schon sehr früh. Karl war imstande, komplizierte Rechenvorgänge innerhalb kürzester Zeit im Kopf auszuführen, er multiplizierte in Windeseile drei- und vierstellige Zahlen miteinander, sodass schon bald die Mär ging, der junge schwedische Königssohn wäre ein absolutes mathematisches Genie. Daher schrieb man ihm auch die Erfindung des oktalen Zahlensystems zu, was freilich keineswegs bewiesen ist. Ganz im Stil der Zeit war es auch, dass Karl dazu angehalten wurde, Sprachen zu lernen, wobei ihm Latein besonders zusagte, kein Wunder bei seinem logischen Verstand! Aber auch Deutsch und Französisch sprach er fließend, obwohl er eine Abneigung dem Französischen gegenüber entwickelt hatte.

Ob und in welchem Umfang militärische Strategie auf seinem Stundenplan stand, ist nicht sicher bezeugt, vielleicht wären dies Fächer für die späteren Jünglingsjahre gewesen. Der Tod seines Vaters im Jahre 1697 unterbrach auf alle Fälle jäh die Ausbildung des Sohnes.

Von einem Tag auf den anderen war der 15-jährige Kronprinz König von Schweden geworden und sah sich einer Phalanx von Feinden gegenüber, die es nicht für möglich hielten, dass der jugendlich Karl XII. in der Lage sein würde, ihnen Paroli zu bieten. Sie sollten sich gründlich verrechnet haben. In unwahrscheinlich kurzer Zeit konzentrierte Karl seine Truppen und fiel mit einem gewaltigen Heer in Dänemark ein, schlug die Truppen Friedrichs IV. in der Nähe von

Kopenhagen und begann, die Stadt zu belagern, während der dänische König in Holstein mit seiner Armee lag. Karl hatte zielsicher erkannt, dass er nur dann einen Sieg davontragen konnte, wenn er nicht alle Feinde, die sich um ihn geschart hatten, gleichzeitig angriff. Einen nach dem anderen galt es zu besiegen, wollte er nicht irgendwo eine empfindliche Schlappe hinnehmen.

Diese Strategie erwies sich in den nächsten Jahren als ungewöhnlich zielführend, denn es dauerte geraume Zeit, bis man die militärischen Ideen des jungen Königs durchschaut hatte. Mit zäher Energie und steter Präsens in den Schlachten feuerte Karl wie ein Abenteurer seine Leute an, die für ihn bis zum letzten Blutstropfen kämpften. Der Nordische Krieg, der im Jahr 1700 begonnen hatte, hatte schon bald einen europaweit bekannten Helden: Karl XII. von Schweden, ganze 18 Jahre jung! In einer Zeit, wo andere junge Männer von prinzlichem Geblüt in den eleganten Salons ihre Aufwartung als charmante Kavaliere machten, saß der schwedische König, dem die Mädchenherzen zuschlugen, einsam, nur von einigen treuen Beratern umgeben, in seinem Zelt und beschäftigte sich mit Aufmarschplänen. Denn das schöne Geschlecht schien für den jungen Mann nicht zu existieren, alle Vorschläge, sich zu vermählen, entlockten ihm nur eine müde Handbewegung. Er hatte einerseits keine Zeit zu amourösen Tändeleien, andererseits interessierte ihn die Damenwelt absolut nicht. Da er auch keine Neigungen zu attraktiven Jünglingen zeigte, blieb sein nicht vorhandenes Sexualleben schon seinen Zeitgenossen ein Rätsel.

Karl lebte seine Neigungen und Triebe auf dem Schlachtfeld aus. Nachdem der dänische König Friedrich IV. durch die Belagerung von Kopenhagen in eine missliche Situation gekommen war, zog er es vor, seinem Cousin einen Frieden vorzuschlagen, den Karl überraschenderweise annahm. Denn viel später sollte er wesentlich hartnäckiger werden und auch die besten Siegfriedensangeboten ablehnen, etwas, was seinen Untergang herbeiführen sollte. Durch den Frieden von Traventhal schied der dänische König als Feind Schwedens aus. Aber es blieben noch genug Gegner, mit denen Karl sich herumschlagen musste. Da Russland seine Hand immer weiter nach Westen ausstreckte und dabei zwangsläufig sein Auge auf schwedische Gebiete im Baltikum warf, war Karls nächster Gegner der russische Zar. Ohne lang abzuwarten, welche Absichten Zar Peter der Große bewegen könnten, griff der schwedische König die Russen an und zwang sie zu einer gewaltigen Schlacht bei Narwa im September 1700. Es war für die Schweden der Sieg der Siege, niemals wieder in der Geschichte war ihnen militärisch so ein Erfolg bestimmt.

Karl hätte zumindest vorübergehend die Hände in den Schoß legen können, um sein junges Leben etwas zu genießen. Aber darnach stand ihm am wenigsten der Sinn. Er suchte keinen Müßiggang und keine Abwechslungen. Nur ab und zu spielte er mit einem seiner Leute Schach, wobei seine Gegner auf dem hölzernen Brett genauso wenig Chancen gegen ihn hatten wie seine Feinde auf dem Schlachtfeld. Der nächste Feldzug stand ohnedies schon vor der Tür, wobei Karl nicht an die Verfolgung des geschlagenen russischen Heeres dachte, das er mit Leichtigkeit hätte total aufreiben können, sondern an eine Strafexpedition gegen den König von Polen, August den Starken. Auch der starke August konnte den jungen Heißsporn nicht in die Schranken weisen, Warschau fiel in die Hände des Schweden und 1702 die Königsstadt Krakau. Karl machte mit August kurzen Prozess, er setzte ihn als König von Polen ab und bestimmte nach eigenem Gutdünken Stanislaus Leszczynski zum neuen Herrscher. Aber August hatte schließlich noch andere Möglichkeiten, Soldaten zu rekrutieren, um den Kampf weiter zu führen. Aus Sachsen kamen immer neue Truppen, was Karl XII. natürlich nicht verborgen blieb. Daher ging er dazu über, Sachsen, das Herz des Widerstandes, anzugreifen, sodass August dem Starken nichts anderes übrig blieb, nachdem schwedische Heere sein Land zu verwüsten drohten, als im Frieden von Altranstädt 1706 auf den polnischen Thron endgültig zu verzichten. Die Personalunion zwischen Sachsen und Polen war damit vorübergehend beendet.

In all seinem Schlachteneifer übersah Karl allerdings, dass sich in seinem Rücken dräuende Gewitterwolken auftürmten, deren Blitze schließlich all seine Siege zunichte machen sollten. Er hatte den russischen Zar, aber auch das russische Volk unterschätzt. Sein Glücksstern sank nicht erst nach seiner Verwundung beim Angriff auf Veprik, die russische Weite wurde auch ihm zum Verhängnis. Hals über Kopf musste er ins Osmanische Reich fliehen, wo er fünf Jahre im Asyl lebte. Nachdem ihm der Sultan bedeutet hatte, dass er nicht mehr gewillt war, ihn zu beherbergen, ritt er in nur 15 Tagen von der osmanischen Grenze bis nach Pommern. Alles, was er in der Zukunft unternahm, war von Misserfolgen begleitet, bei der Belagerung der Festung Fredriksten traf ihn eine Kugel am Kopf tödlich.

Der schwedische Heldenkönig war nur 36 Jahre alt geworden.

Das Reserl war einst eine Spielerin

Das »Abgebrannte Haus« auf der Wieden erinnert heute noch daran, dass hier die berühmte Maria Theresia als junge Frau all ihr mitgebrachtes Geld in dem eleganten geheimen Salon an einem Abend verspielte.

Es war nichts Ungewöhnliches, dass die Damen und Herren der Gesellschaft (und meist nicht nur diese), sich Glücksspielen wie dem Eulenspiel, dem Gänsespiel oder dem berühmt berüchtigten Pharao hingaben, wobei meist große Summen ihre Besitzer wechselten. Für den, der es sich leisten konnte, war es unerheblich, wie viel er gewann oder verlor, wichtig war einzig und allein die Unterhaltung und natürlich der Nervenkitzel. Auch Maria Theresia erlag der Faszination der Würfel und Karten, freilich ohne dabei jemals Angst davor haben zu müssen, an den Bettelstab zu kommen.

Die Tochter Kaiser Karls VI. war zumindest in ihrer Jugendzeit keineswegs ein Kind von Traurigkeit, mit ihrem munteren Wesen war sie bei der Wiener Bevölkerung äußerst beliebt und wurde freudig begrüßt, wenn sie in der Kutsche fröhlich winkend vorüberfuhr. So mancher drehte sich nach dem entzückenden jungen Mädchen um und auch später noch, als sie längst die Regierungsgeschäfte führte, geriet der preußische Gesandte geradezu ins Schwärmen, wenn er von der Gemahlin Franz Stephans berichtete. Denn noch als 30-jährige, nachdem sie schon sechs Kindern das Leben geschenkt hatte – weitere zehn sollten noch folgen – charakterisierte er die junge Frau folgendermaßen: »Sie hat ein rundes, volles Gesicht und eine freie Stirn. Die gut gezeichneten Augenbrauen sind, wie auch die Haare, blond, ohne ins Rötliche zu schimmern. Die Augen sind groß, lebhaft und zugleich voller Sanftmut, wozu ihre Farbe, die von einem hellen Blau ist, beiträgt ... Man kann nicht leugnen, daß sie eine schöne Person ist.«

Dass Maria Theresia, die als Inbegriff des barocken Frauentyps galt, einmal gertenschlank war, konnten sich selbst nur wenige ihrer Zeitgenossen vorstellen, die ununterbrochenen Schwangerschaften und ihr leidenschaftlicher Appetit ruinierten ihre Figur sehr frühzeitig. Außerdem hatte sie mit ihrem Arbeitspensum, das sie tagtäglich einhielt, kaum die Möglichkeit, sich ausreichend zu bewegen, was auch nicht der Lebensweise der Zeit entsprochen hätte. Ihr Arbeitstag begann im Sommer zwischen vier und fünf Uhr, nur im Winter stand sie erst um sechs Uhr auf. Der Vormittag war für die Regierungsgeschäfte bestimmt, wobei Konferenzen, Besprechungen mit ihren Ministern und vertrauliche Vereinbarungen den Zeitablauf bestimmten. Es war für die junge Frau nicht leicht gewesen, nach dem plötzlichen Tod des Vaters völlig unvorbereitet das riesige Habsburgerreich von einem Tag auf den anderen lenken zu müssen. Ohne die richtigen Berater wäre dies ohnehin aussichtslos gewesen, noch dazu, wo man in Europa, allen voran in Preußen, sofort begann, ihren Erbanspruch in Frage zu stellen. Der Preußenkönig Friedrich II., der ursprünglich sogar als Ehekandidat für die Habsburgerprinzessin gehandelt wurde, zeigte von allem Anfang an seine Ablehnung ihr gegenüber. Jahrelange Kriege sollten die Folge dieser Einstellung sein, die Maria Theresia kaum gewinnen konnte und die schließlich mit der Abtretung Schlesiens endeten.

Ein ausgeglichenes Familienleben schien die Grundlage für die Bewältigung der ungewöhnlichen Anstrengungen zu sein, denen Maria Theresia beinah ein Leben lang ausgesetzt war. Obwohl ihr Vater ganz andere Absichten gehabt hatte, setzte sie schon als junges Mädchen ihren Kopf durch und heiratete schließlich ihre Jugendliebe Franz Stephan von Lothringen, ihren « Mäusl«, wie sie ihn zärtlich in jungen Jahren nannte. Später, als sie schon allen Grund hatte, auf ihren Gemahl eifersüchtig zu sein, bezeichnete sie ihn als »mon cher Alter«, den sie trotz seiner zahlreichen Amouren immer noch wie in früheren Zeiten liebte, als sie beide eine besondere Vorliebe fürs Tanzen und für die verschiedenen Maskenbälle gehabt hatten. Im Laufe der Jahre änderte zwar Maria Theresia gerade diesem Vergnügen gegenüber ihre Einstellung, allzu leicht war es möglich, im Schutz der Verkleidung außerehelichen Vergnügungen nachzugehen. Vor allem für ihren Ehemann konnte sie nicht die Hand ins Feuer legen, viel Pikantes kam ihr zu Ohren und die Zahl der Damen, die Franz Stephan beglückte, bereiteten ihr nicht nur schlaflose Nächte. Sie hatte es nicht verhindern können, dass ihr »Mäusl« sich ein Stadtpalais in der Wallnerstraße zulegte, das diskrete geheime Zugänge hatte, sodass die Damen, die bei ihm ein und ausgingen, nicht allgemein gesehen und erkannt wurden. Allerdings gab es genügend Zuträger, die Maria Teresia über den aktuellen Stand informierten, auch Spottverse kursierten in Wien, wie: »Frau Reserl, gib acht auf Dein Franzl!/Der geht gern zur Kathl aufs Schanzl!«

Es blieb Maria Theresia trotz der Einsetzungen der Keuschheitskommissionen nichts anderes übrig, als den Lebenswandel ihres Mannes zu tolerieren. Sie steigerte sich allerdings in eine seltsame Moral hinein, bestellte überall Spitzel in der Stadt, sodass auch die harmlosesten Vergnügungen polizeilich registriert wurden. Besonders hatte es die »ungekrönte« Kaiserin auf die leichten Mädchen abgesehen, die in ihren Augen für die Verderbnis der Sitten verantwortlich waren. Sie wurden kurzerhand aus der Stadt verwiesen und an den Grenzen des Reiches angesiedelt. So kam es, dass es ganze Dörfer gab, die für ihre schönen, aber auch lockeren Frauen bekannt waren.

Franz Stephan hatte es auch nach seiner Krönung zum Kaiser vorgezogen, sich nicht in die Regierungsgeschäfte seiner Gemahlin einzumischen. Er kümmerte sich lieber um die Finanzlage in der Toskana, wobei er ein Vermögen machte, mit dem er allerdings Maria Theresia nicht zur Verfügung stand. Warum sollte er auch ihre Kriege finanzieren?

Durch die zunehmende Sittenstrenge, die die Kaiserin forderte, wurde aus dem leichtlebigen barocken Wien allmählich eine langweilige Stadt. Dies empfand auch der berühmte Casanova so als er schrieb: »Wegen der Bigotterie der Kaiserin war es außerordentlich schwer, besonders für Fremde, sich Freuden zu schaffen.« Auch andere Zeitgenossen berichteten, dass jedes allein gehende Frauenzimmer gleich verhaftet wurde, »es sei denn, es trage einen Rosenkranz in der Hand«, sodass der Handel mit Rosenkränzen sprunghaft anstieg.

Für die ganze kaiserliche Familie waren die strengen religiösen Ansichten Maria Theresias ein Problem, denn der tägliche Besuch der heiligen Messe war genauso Pflicht wie die häufigen Beichten und der Empfang der Kommunion. Es war kein Wunder, dass ihr Sohn Joseph, als er Kaiser wurde, der Kirche keineswegs freundlich gegenüber stand.

Je älter die Kaiserin wurde, umso mehr sah man ihr die Strapazen der vielen Geburten an, denn sie schonte sich weder während der Schwangerschaft noch im Wochenbett. Das einst so attraktive Mädchen war zu einer schwerfälligen Matrone geworden, die sich nur mühsam vorwärts bewegen konnte. Mit Sorge betrachtete sie ihr Leibarzt van Swieten, der Maria Theresia immer wieder bat, maßvoller beim Essen zu sein. Da er mit seinen Ausführungen nichts erreichen konnte, kam er schließlich auf die Idee, der Kaiserin bildlich vor Augen zu stellen, was sie alles unkontrolliert durcheinander aß. Er ließ einen Kübel kommen und warf genau so viele Speisen hinein, wie die Kaiserin zu sich nahm. Als die Tafel aufgehoben wurde, zeigte er Maria Theresia den unappetitlichen Mischmasch mit dem Hinweis: »So sieht es jetzt dann im Magen Eurer Majestät aus!«

Aber für eine tatsächliche Besserung des körperlichen Zustandes der Kaiserin war es bereits zu spät. Von schmerzhaften Krankheiten geplagt, war sie nicht mehr in der Lage, selber gehen zu können, die Beine versagten längst ihren Dienst. Man konstruierte ein eigenes Kanape, auf dem sie mit Seilen und Winden von Stockwerk zu Stockwerk gehoben wurde. Einmal, als sie auf diese Weise ihren verstorbenen Gemahl in der Kapuzinergruft besuchen wollte, riss das Seil, worauf Maria Theresia meinte, dass ihr »Mäusl« sie behalten wollte. Aber es sollten noch Jahre vergehen, bis sie ihm am 29. November 1780 in den Tod folgte.

»Der Fußboden der Höfe ist glatt und schlüpfrig wie ein Aal …

… und mancher, der … fest zu stehen geglaubt hat, ist in demselben Augenblick ausgeglitten und hat sich den Hals gebrochen.« Voll Sorge verfolgte der Vater von Johann Friedrich Struensee den unglaublichen Werdegang seines Sohnes als Freund und Berater des dänischen Königspaares.

Denn dem kometenhaften Aufstieg des jungen Arztes, der im Jahre 1737 in Halle das Licht der Welt erblickt hatte, standen nach seiner Berufung an den dänischen Königshof alle Türen offen. Er hatte mit 14 Jahren das Medizinstudium begonnen und zeichnete sich schon sehr früh durch moderne Ideen aus, vor allem aber machte er von sich reden, weil er erklärte, dass Geistesgestörte keine unmenschlichen Wesen wären, sondern echte Kranke. Und da der junge dänische König Christian VII. durch sein seltsames Verhalten zu berechtigter Sorge Anlass gab und man hinter vorgehaltener Hand über seinen sonderbaren Geisteszustand munkelte, fasste man den Plan, diesen modern denkenden Mediziner an den dänischen Königshof zu berufen. Man hatte mit Struensee einen Mann auserwählt, der in kürzester Zeit das Vertrauen des erst 17-jährigen Königs erwarb, denn beide, Christian VII. und Stuensee waren begeisterte Anhänger der Aufklärung und uneingeschränkte Bewunderer des berühmten Voltaire. Hätte Christian andere erbliche Voraussetzungen besessen, hätte aus ihm – auch noch durch den Einfluss von Struensee – ein großer Reformherrscher werden können. Auch die geeignete Frau hätte er mit der englischen Prinzessin Caroline Mathilde an seiner Seite gehabt, deren Wert Christian aber durch sein triebhaftes Wesen nicht zu schätzen vermochte. Viel attraktiver als die kleine blonde Königin erschien ihm die »Stiefletten-Katrine«, eine dubiose Dame, die gerne in Männerkleidung auftrat und der der dänische König nicht nur eine Loge im Theater schenkte, sondern die er auch zur Baronin ernannte. Mit ihr verbrachte er die Tage und Nächte und verhöhnte, wo er nur konnte, seine erst 14-jährige Frau in aller Öffentlichkeit. Daher glich es beinah einem Wunder, dass Caroline Mathilde ein Jahr nach der Hochzeit einem schwächlichen Knaben das Leben schenkte, wovon der halbirre junge Vater wenig Notiz nahm. Das Kind wurde auf den Namen Friedrich getauft und sollte später einmal zum Wohle seines Landes regieren.

Caroline Mathilde war durch die Lieblosigkeit des Gatten gezwungen, ein Leben in Einsamkeit zu führen, in dem es kaum Lichtblicke zu geben schien. Aber plötzlich veränderte sich für sie die Welt, als Johann Friedrich Struensee an den Hof kam. Er war dazu ausersehen, den König auf seiner Europareise, die ihn auch zu seinem Schwager nach England führte, zu begleiten, um sofort als Arzt einschreiten zu können, sollte der dänische König irgendwo merkwürdig auffallen.

Was niemand erwartet hatte, trat ein: Die Reise Christians VII. war ein voller Erfolg, der König gab sich charmant und gesellig und niemand von den Herrschern Europas, die er aufgesucht hatte, konnte sich so recht vorstellen, dass dieser Mann nicht immer bei Sinnen war. Nur Struensee war vom ersten Tag der Begegnung an überzeugt, dass Christian geisteskrank war, dass er bei all seinen Entscheidungen, die er zu fällen hatte, gelenkt werden musste. Und Struensee wusste auch durch wen!

Bevor er aber seine Vorstellungen und Pläne verwirklichen konnte, musste er die Königin auf seine Seite bringen. Und dies war schwieriger, als er als attraktiver, charmanter Mann geglaubt hatte. Obwohl der König seine Gemahlin nicht beachtete und sie ein Schattendasein führte, kam sie dem gut aussehenden Struensee äußerst reserviert entgegen, vor allem da sie bemerkte, dass sich Christian ungewöhnlich eng an den Arzt angeschlossen hatte. Erst als ihr Gemahl darauf bestand, dass Struensee auch zu Caroline Mathildes Leibarzt ernannt wurde, änderte sie ihre Einstellung dem Mediziner gegenüber und es dauerte nicht lang, bis er auch ihr Vertrauter wurde.

Struensee war ein ehrgeiziger Mann, dessen Ambitionen keine Grenzen kannten. Es genügte ihm nicht, dass er zum Geheimen Kabinettsminister aufstieg und in den Grafenstand erhoben wurde, er wollte regieren, er wollte Macht! Und je mehr der König in geistige Umnachtung verfiel, umso stärker wurde die Position Struensees. Denn er allein verfasste alle Vollmachten und Erlässe, die er dem willenlosen König zur Unterschrift vorlegte, die dieser ohne jegliche Kenntnisnahme leistete. Alles, was die Wegbereiter der Aufklärung in der Theorie ausgearbeitet hatten, wollte Struensee in die Tat umsetzen. Er ließ die Pressefreiheit einführen, etwas, was für ihn später zum Verhängnis werden sollte, schaffte die Folter ab, setzte sich für eine Reform des Schulwesens ein und kümmerte sich um die Krankenanstalten im Land, wo er auf besondere hygienische Maßnahmen Wert legte. Struensee hätte ein echter Wohltäter in Dänemark werden können, hätte er zumindest die Verordnungen in dänischer Sprache abfassen lassen. Aber alles wurde in Deutsch konzipiert, denn Struensee weigerte sich, Dänisch zu lernen. Wahrscheinlich war dies die erste Ursache für die Ablehnung, die er im breiten Volk erfuhr, dazu kamen natürlich die Proteste des Adels, da er die Rechte der Privilegierten ebenso beschnitt wie die Gewinne der Kaufleute. Man verstand ihn in keiner Weise!

Aus den ersten Unmutsäußerungen, die anfangs nur unterschwellig zu vernehmen waren, wurden bald lautstarke Proteste gegen den Günstling des Königs und der Königin, wobei es unschwer zu übersehen war, wie das Verhältnis zwischen Caroline Mathilde und Struensee sich entwickelt hatte. Die kleine Königin blühte plötzlich auf, sie hatte endlich den Mann gefunden, den sie lieben konnte und von dem sie glaubte, wieder geliebt zu werden. In aller Öffentlichkeit demonstrierte sie dieses innige Verhältnis und vergaß dabei jedwede Vorsicht, da ihr Gemahl keinerlei Eifersucht zeigte. Beide, Struensee und Caroline Mathilde, wiegten sich in Sicherheit, sodass Struensee immer mehr den Bogen überspannte. Wahrscheinlich wäre es nicht zu seinem furchtbaren Ende gekommen, hätte er sich nur im Geringsten bemüht, die Gunst des Volkes zu erwerben. Aber mit seinem ignoranten, arroganten Wesen stieß er alle vor den Kopf, sodass seine Gegner bei Hofe leichtes Spiel hatten, ihn zu stürzen.

Nach einem Ball, der mit großem Prunk am 16. Januar 1772 auf Schloss Christianborg stattfand und auf dem die Königin einzig und allein mit Struensee getanzt hatte, überrumpelte man ihren Liebhaber im Schlaf. Struensee hatte nur noch die Möglichkeit, seine rosafarbenen Kniehosen anzuziehen und den hellblauen Samtrock überzuwerfen, bevor man ihn gefesselt abführte. Was nun folgte, war eine einzige Tragödie: Da man fürchtete, dass er fliehen könnte, kettete man ihn an einem Arm und einem Bein an, verweigerte ihm jede Möglichkeit zur Körperpflege, sodass er schon nach kurzer Zeit wie ein Landstreicher aussah. Bei den Befragungen, die stundenlang dauerten, gestand er seine intime Beziehung zur dänischen Königin, da er glaubte, dass ihn so eine Aussage retten könnte. Er hatte sich gründlich geirrt, denn auch Caroline Mathilde war verhaftet und zusammen mit ihrer kleinen Tochter, die man ihr nicht weggenommen hatte, da sie das Kind noch stillte, auf die Festung Kronberg gebracht worden, wo sie endgültig zusammenbrach, als ihr das Geständnis ihres Liebhabers vorgelegt wurde. Ehebruch zog für die Gemahlin des Königs die Todesstrafe nach sich. Nur durch den Einsatz ihres Bruders, König Georgs III. von England, konnte das Schlimmste für Caroline Mathilde verhindert werden. Sie wurde auf das herzogliche Schloss nach Celle gebracht, allerdings ohne ihre beiden Kinder, die königlichen Geblütes waren. Denn Christian VII. hatte merkwürdigerweise nicht nur den Sohn, sondern auch die Tochter, deren Vater nur Struensee sein konnte, als seine leiblichen Kinder anerkannt.

Struensee, der in den nächsten Monaten eingehend seine politischen und persönlichen Beweggründe zu Papier gebracht hatte, wurde, nachdem man ihm die rechte Hand abgeschlagen hatte, geköpft. Danach wurde die Leiche nackt ausgezogen, man riss die Gedärme aus dem Leib, vierteilte sie und spießte den Kopf des verhassten Mannes vor den Augen von 30 000 Zuschauern auf einen Schandpfahl. Stuensees Tod nahm Caroline Mathilde jeglichen Lebensmut, sie starb 1775 mit nur 23 Jahren wahrscheinlich an Typhus.

Der spätere geniale Herrscher war ein widerborstiges Kind

Nichts hatte darauf hingedeutet, dass der dritte Sohn Maria Theresias und Franz Stephans von Lothringen jemals die Kaiserkrone tragen würde. Aber ein unberechenbares Schicksal machte aus dem Großherzog der Toskana Kaiser Leopold II.

Als Maria Theresia am 5. Mai 1747 wieder einem Kind das Leben schenkte, war man in der Familie beglückt darüber, dass ein dritter Sohn in der Wiege lag. Man konnte in der damaligen Zeit, in der alle möglichen Infektionskrankheiten grassierten, nie wissen, welches von den Kindern das Erwachsenenalter tatsächlich erreichen würde. Der Knabe wurde noch am selben Tag auf die Vornamen Petrus Leopoldus Josephus Johannes Antonius Joachim Pius Gotthardus getauft, wobei sein erster Name die russische Zarin Elisabeth erfreuen sollte, ein diplomatisches Geschenk, das über einen Säugling zustande kam!

Der »Poldl«, wie er ein Leben lang innerhalb der Familie genannt wurde, lag beinah noch in den Windeln, als sich seine Mutter schon darüber Gedanken machte, wen er dereinst zum Traualtar führen sollte. Denn die Heiratspolitik war ein wichtiger Faktor in Maria Theresias politischem Konzept, durch private Verbindungen innerhalb ganz Europas wollte sie den Frieden für alle Zeiten sichern. Da der dritte Sohn in ihren Augen kaum Chancen auf den Thron hatte, wählte die Mutter eine Prinzessin für Leopold aus, die zwar nicht zu den ersten Partien in Europa zählte, die aber immerhin die Tochter des Erbprinzen von Modena war, sodass Maria Beatrix eine interessante Mitgift in die Familie bringen würde. Vertraglich wurde alles zwischen den Eltern abgesichert als die Kinder sechs und vier Jahre alt waren. Aber der frühe Tod des älteren Bruders von Leopold, des stets fröhlichen Karl, im Jahre 1761 machte alle Verträge zunichte. Leopold rückte an die Stelle seines verstorbenen Bruders, sodass auch Ehekarten neu gemischt werden mussten. Der Erzherzog sollte nun die um zwei Jahre ältere Tochter des spanischen Königs Karl III. heiraten, von der das Gerücht kursierte, sie sollte hässlich, rothaarig und obendrein noch zwei Jahre älter als Leopold sein. Umso mehr war Leopold später überrascht, als er seiner Braut tatsächlich gegenüberstand, einem schlanken, blonden, rundum reizenden Mädchen, das ihm auf den ersten Blick gefiel.

Die drei Brüder Joseph, Karl und Leopold wurden auf Geheiß der Mutter gemeinsam erzogen, wobei die Hauslehrer ihr jeden Tag ausführlich Bericht erstatten mussten. Joseph von Sartori schrieb über seine hohen Zöglinge: »Joseph faßte schnell auf, aber nicht mit Anhalten; Leopold hingegen langsamer, aber fester. Joseph war voller Feuer, Leopold aber gemäßigt. Joseph wollte mit Ungeduld alles erschöpft wissen, Leopold ging stufenweise. Immer behauptete Leopold in der wissenschaftlichen Bildung den Vorzug. Beyde Prinzen waren aber nach ihrer gleich günstigen Anlage geistvoll und ganz nach dem Abriß ihrer großen Mutter.«

Obwohl Maria Theresia im Laufe der Zeit 16 Kindern das Leben schenkte und daneben europäische, ja Weltpolitik machte, fand sie immer noch Zeit, sich mit den Charaktereigenschaften ihrer Söhne und Töchter intensiv zu befassen. Dabei stellte sie fest, dass Leopold anscheinend zu wenig

Eifer in allen Dingen an den Tag legte, obwohl er mit einem Bündel von Talenten ausgestattet war. Eine feste Hand würde ihm nottun! Daher wurde nicht nur sein Beichtvater Franz Lechner mit der Erziehung des störrischen Knaben beauftragt, sondern auch Franz Graf Thurn und dessen Bruder Anton Graf Thurn, die ihm viel Verständnis entgegenbrachten. Der spätere Großherzog und Kaiser blieb ihnen dafür ein Leben lang in Freundschaft verbunden, während er seinem Ajo, dem Grafen Künigl, eher reserviert gegenüberstand.

Nach Meinung der Mutter war Leopold ein trotziges Kind, das man nicht mit Glacehandschuhen anfassen sollte. Widerspenstig wie er war, zeigte er seine üblen Launen in der Öffentlichkeit, kaute trotz diverser Strafen vor allen Leuten an den Fingernägeln, spukte, wenn ihn die Lust dazu übermannte, wild um sich und bediente sich nicht nur der Dienerschaft gegenüber eines breiten Wiener Dialekts, obwohl er nicht nur die deutsche Sprache – im Gegensatz zu seinem lothringischen Vater – einwandfrei beherrschte, sondern auch im Allgemeinen als Sprachentalent galt. In der Toskana war man in späterer Zeit geradezu entzückt, wie perfekt dem neuen Großherzog Italienisch von den Lippen floss. Aber auch als Kaiser ließ er es sich nicht nehmen, mit den Leuten in seiner Umgebung Wienerisch zu sprechen, was besonders volkstümlich wirkte.

Leopold war ein eher kontemplativer Typ, der die Ruhe liebte und alles, was mit körperlicher Anstrengung verbunden war, mied. Rundum begabt wie er war, konnte er sich stundenlang mit Rechenexempeln beschäftigen und interessierte sich auch in späteren Jahren ungewöhnlich stark sowohl für die Naturwissenschaften als auch für das Rechtswesen.

Der Tagesablauf des jungen Erzherzogs war genau geregelt, wobei natürlich der tägliche Besuch der heiligen Messe, der vorgeschriebenen Andachten genauso wie regelmäßige Beichten dem ungestümen Buben eher eine lästige Pflicht waren. Dass die Mutter in religiöser Hinsicht zu viel des Guten tat, zeigte später die Reaktion Kaiser Josephs. Auch Leopold stand der katholischen Kirche einigermaßen skeptisch gegenüber, ohne allerdings die Radikalität seines Bruders zu entwickeln. Wenn Leopold der Mutter auch stets Grund zum Tadel gab, so waren vielfach auch die Geschwister daran schuld, vor allem sein älterer Bruder Joseph, denn innerhalb der kaiserlichen Familie herrschten nicht nur eitel Freude und Sonnenschein. Die Geschwister rivalisierten um die Gunst der Mutter und heckten gegeneinander so manche Intrige aus, wobei Leopold vor allem auf den Liebling seiner Mutter Marie Christine mit Argusaugen schaute. Er hielt sie für eine bösartige Person, die Klatsch und Tratsch verbreitete. Erst viel später erkannte er den wahren Charakter dieser Schwester.

Unnachgiebig und unerbittlich zeigte sich Maria Theresia diesem jüngeren Sohn gegenüber, für sie war absolut uninteressant, was der Knabe wollte, denn sie hatte ihre eigenen Erziehungsprinzipien. Als ihr berichtet wurde, dass Leopold lieber auf dem Clavecin spielte als die Violine, gab sie Order, dass er gezwungen werden sollte, das Geigenspiel zu erlernen. Gnadenlos übte die Mutter harsche Kritik an Leopolds Unpünktlichkeit, seiner Leseschwäche und seiner schlampigen Schrift. Sie konnte bei ihren oft überzogenen Maßnahmen nicht vorhersehen, dass ausgerechnet aus diesem, wie sie ihn bezeichnete, »bockigen« Sohn einer der genialsten Herrscher im Hause Habsburg werden sollte.

Der kaiserliche Vater Franz Stephan kümmerte sich im Allgemeinen wenig um die Erziehung Leopolds. Nur zu einem besonderen Ereignis nahm er ihn nach Frankfurt mit, als sein Bruder Joseph 1764 zum römischen König gekrönt wurde. Leopold blieb bei dieser festlichen Veranstaltung ein Außenseiter, während sein Vater und sein Bruder fürstlich beschenkt wurden. Er schrieb über die Hintansetzung folgende traurige Zeilen: »Und ich armer, kleiner Ertzherzog erhielt nur eine Börse mit 250 Stücken.«

Der »arme kleine Ertzherzog« war im Laufe der Zeit ein attraktiver junger Mann geworden, der allerdings von Kindheit an an Dysenterie litt, einer infektiösen, ruhrähnlichen Erkrankung, die immer wieder aufflackerte. Auch im Frühjahr 1765 erkrankte der junge Mann zum großen Leidwesen aller, denn seine Hochzeit mit Maria Ludovika war schon festgesetzt. Vielleicht war auch der Trennungsschmerz an seinen Krankheitszuständen schuld, denn er musste seiner Jugendliebe, der schönen Comtesse Josepha von Erdödy, auf Geheiß Maria Theresias Lebewohl sagen. Über das Gespräch mit der Mutter berichtete er seinem Vertrauten Franz Graf Thurn: »Schließlich sagte sie mir, daß der König (Joseph) mich immer mit Mademoiselle Ördödy aufziehe, ich bewahrte mein kaltes Blut und sagte ihr, daß sie in diesem Punkte beruhigt sein könne …«

Mit 18 Jahren war die Jugendzeit am Wiener Hof für Leopold endgültig zu Ende. Als kranker Mann stand der junge Erzherzog am 5. August 1765 in Innsbruck an der Seite seiner schönen Braut am Altar, um Maria Ludovika das Ja-Wort zu geben. Er ahnte nicht, dass er in nur wenigen Tagen die Nachfolge seines Vaters in der Toskana antreten musste.

Grigori Potjomkin beeindruckte die Zarin nicht nur durch seine Dörfer

Es war für den feschen Gardeoffizier geradezu eine Fügung des Schicksals, dass Katharina II. bei ihrem Auftritt vor den Soldaten ihr porte-épée vergessen hatte. Spontan sprang Potjomkin, der schon lange heimlich in die Zarin verliebt war, in die Bresche.

Der junge gut aussehende Mann, der aus einer angesehenen russischen Familie stammte, blieb Katharina im Gedächtnis, die schließlich eine Einladung zu einem Souper an ihn schicken ließ, obwohl sie zu dieser Zeit immer noch anderen Liebhabern ihre Gunst gewährte, allen voran Grigori Orlow. Ihm hatte sie nicht nur heiße Liebesnächte zu verdanken, sondern auch ihren Aufstieg zur Alleinherrscherin von Russland. Denn Orlow hatte zusammen mit seinen Brüdern, hinter denen die Armee stand, den Aufstand gegen Zar Peter III., den verhassten Gemahl Katharinas, mit Rat und Tat unterstützt. Zum Dank wurde er einer der mächtigsten Männer in Russland und der neue Liebhaber der Zarin. War er anfangs noch zurückhaltend bei seinen Forderungen nach immer mehr Macht und Einfluss, so begann Orlow allmählich den Bogen zu überspannen, sodass Katharina, die sich nichts sehnlicher als eine harmonische Verbindung wünschte, begann, sich von Orlow abzuwenden. Und da kam ihr jetzt die augenscheinliche Verehrung und Bewunderung Potjomkins gerade recht. Sie ließ dem jungen Offizier eine Einladung zu einem

Souper in intimem Kreis zuschicken und amüsierte sich köstlich, als Potjomkin zu vorgerückter Stunde begann, ihren deutschen Akzent zu imitieren. Denn die Zarin war deutscher Herkunft, ihr Vater war Fürst Christian August von Anhalt-Zerbst, der im deutschen Konzert der Mächte keine Rolle spielte. Als seine Tochter als Braut des zukünftigen Zaren auserwählt wurde, hieß sie noch Sophie, erst als sie zum russisch-orthodoxen Glauben übergetreten war, gab man ihr den Namen Jekaterina Alexejewna.

Als Potjomkin seine respektlose Kabarettnummer vor der Zarin abzog, erstarrten die anwesenden Höflinge vor Entsetzen, nur Katharina brach in schallendes Gelächter aus – der Bann war gebrochen. Und schon bald stellte sich heraus, dass Potjomkin ein hochgebildeter, geistreicher Mann war, der sie in jeder Hinsicht magisch anzog, obwohl er zehn Jahre jünger als Katharina war. Aber Orlow war aus ihrem Bett schwer zu verdrängen, sodass der liebeskranke Potjomkin sich zunächst keine Hoffnungen machte. Dazu kam, dass er unglücklicherweise ein Auge verloren hatte, sodass seine Attraktivität stark eingeschränkt war, da er sich auch nicht entschließen konnte, wenigstens eine Augenklappe zu tragen. Außerdem legte er auch sonst wenig Wert auf seine Gestalt, sodass von ihm schon bald das Gerücht ging, er gliche mit seiner riesenhaften Figur eher einem Monster als einem begehrenswerten Mann. Die Zarin schien dies anders zu sehen, denn für sie ging von Potjomkin eine animalische Faszination aus, der sie schließlich erliegen musste. Sie fand in ihm einen Mann, der ihrer Unersättlichkeit entsprach. Mit ihm verbrachte sie aber nicht nur erlebnisreiche Stunden im Bett, er begann sie auch politisch zu beraten und zu beeinflussen. Als Dank dafür erhielt Potjomkin hohe politische Ämter, wobei er aber stets fühlte, dass er sich nicht zu sehr von Katharina vereinnahmen lassen durfte, wollte er sie behalten. Die Zarin war aber von ihm hingerissen, sie erklärte: »Ich empfinde jetzt Gefühlte, die ich früher für schwachsinnig, übertrieben und unvernünftig hielt, ... ich vergesse die ganze Welt, wenn ich mit Dir zusammen bin. Ich bin noch nie so glücklich gewesen.«

Potjomkin war zweifellos nun der erste Mann im Staate, nachdem Orlow, auf den der neue Liebhaber eifersüchtig war, von Katharina großzügig abgefunden worden war. Mit Potjomkin wollte die Zarin alt werden, so hatte sie sich jedenfalls die Zukunft vorgestellt. Und nachdem ihr Gemahl, Zar Peter III., gestorben war, stand für sie einer ehelichen Verbindung mit Potjomkin nichts mehr im Wege. Ob sie tatsächlich ihren Liebhaber, so wie aus ihren Briefen hervorgeht, 1774 in einer Kirche außerhalb von St. Petersburg geheiratet hat, ist allerdings immer noch nicht ganz belegt. Katharina bezeichnete nämlich Potjomkin in vielen Schreiben als »lieber Gatte« oder »mein Gemahl«, der mit hohen Ämtern ausgezeichnet wurde. Er war Mitglied des Geheimen Rates, Vizepräsident des Kriegsrates, Kommandierender General und schließlich erhielt er den Titel Fürst von Tauris.

Das Verhältnis der beiden zueinander änderte sich allerdings im Laufe der Zeit, denn Potjomkin forderte von der Zarin beinahe Unterwerfung. Anfänglich ging sie auf seine Forderungen ein, schließlich aber übertrug sie ihm ein Kommando in Südrussland, wo immer noch die Kämpfe gegen die Türken andauerten. Dort verfiel er zunächst monatelang in Lethargie, um im letzten Moment eine russische Niederlage durch seine Strategie zu verhindern. Potjomkin erwies sich in diesen Landesteilen als hervorragender Planer und Organisator. So veranstaltete er im Jahre 1787 anlässlich des 25. Thronjubiläums der Zarin ein großartiges Fest, bei dem alle Dörfer herausgeputzt wurden und Katharina den besten Eindruck vom Wohl des Volkes bekam. Da aber böse Zungen behaupteten, dass in den Dörfern nur die Fassaden neu gestrichen worden waren und alles Übrige nur Illusion zu sein schien, kam der Spruch von den »Potjomkins'schen Dörfern« zustande.

Da Potjomkin längere Zeit von St. Petersburg abwesend war und er die Unersättlichkeit Katharinas auf sexuellem Gebiet kannte, sorgte er schon vor seiner Abreise für geeigneten Ersatz. Er suchte selber die Liebhaber für die Zarin aus, wobei es nicht schwer war, junge Männer zu finden, die für ihre Verdienste schließlich reich beschenkt ihr Bett verließen. Dabei war Katharina im Laufe der Zeit immer dicker und unansehnlicher geworden, aber das Geld lockte auch damals schon, wenn auch Potjomkin für seine Vermittlerdienste die Hand offen hielt und bis zu 100 000 Rubel von den Bettkandidaten verlangte. Auf diese Weise und durch die Großzügigkeit der Zarin wurde Potjomkin ein steinreicher Mann, immerhin verbrauchte Katharina in den nächsten Jahren 15 Liebhaber, die vor ihren Leistungen von einem Arzt untersucht wurden und dann eine Probe ihres Könnens im Bett der Gräfin Bruce, einer Freundin der Zarin, abgeben mussten. Erst wenn die Gräfin sie für gut befand, war für sie der Weg zum Himmelbett der russischen Herrscherin frei.

Obwohl Russland unter der Regierung Katharinas II., der man den Beinamen »die Große« verliehen hatte, in außenpolitischer Hinsicht in Europa eine achtbare Stellung gewann, begann man doch oder gerade deshalb über die gealterte, grauhaarige, zahnlose Zarin zu spotten und bezeichnet sie schon bald als Hure auf dem Kaiserthron.

Noch war es Potjomkin, der die Liebhaber für Katharina aussuchte, noch war nicht die Gefahr gegeben, dass irgendein Günstling über längere Zeit die Zarin selbstsüchtig beeinflussen konnte. Aber man wusste, Potjomkin war selber gefährdet, er hatte sich auf der Krim einen Harem eingerichtet und führte dort das seltsame Leben eines unter Rauschmitteln stehenden Paschas. In dieser Zeit machte sich ein Mann namens Platon Subow, der 40 Jahre jünger als Katharina war, an sie heran. Was niemand ahnen konnte war die Tatsache, dass die Zarin in Subow nicht nur einen Liebhaber suchte, sondern in ihm auch einen Sohn sah, denn ihr Verhältnis zu ihrem einzigen Sohn Paul war denkbar schlecht.

Noch einmal versuchte Potjomkin seine Macht über Katharina auszuüben, als er am 28. April 1791 ein gewaltiges Fest anlässlich seines Sieges über die Türken veranstalten ließ, bei dem auch die beiden Enkelsöhne der Zarin, Alexander und Konstantin, in einem Ballett auftraten. Es war das letzte große Fest, das Potjomkin erleben sollte. Obwohl er vor Katharina auf die Knie fiel und ihr seine immerwährende Ergebenheit und Liebe versicherte, merkte er, dass seine Uhr abgelaufen war. Ihm blieb nur noch die Möglichkeit, abzureisen. Einige Monate später, am 16. Oktober 1791, verschied er mitten auf einem freien Feld in den Armen seiner Nichte und Geliebten.

Sie wehrte sich wie eine Löwin
bis ihr Haupt fiel

Als man Madame Dubarry am 8. Dezember 1793
mit roher Gewalt auf das Schafott zerrte, bot sie der
gaffenden Menge ein noch nie dagewesenes Schauspiel,
indem sie schrie und wild um sich schlug.

Selbst der abgebrühte, berüchtigte Pariser Henker Sanson war von der ehemaligen Mätresse König Ludwigs XV. so beeindruckt, dass er die Bemerkung fallen ließ, dass es im Rahmen der Revolution niemals so viele Hinrichtungen gegeben hätte, hätten sich alle Delinquenten in so einer spektakulären Weise gewehrt.

Zunächst schien das Schicksal der jungen, hinreißend schönen Marie-Jeanne Bécu Rosen gestreut zu haben. Sie war zwar in eine arme Familie hineingeboren worden, aber zur damaligen Zeit hatte ein attraktives Mädchen alle Chancen, denn der französische König kannte keine Standesschranken, wenn es darum ging, pikante Amüsements zu finden. Da spielte es keine Rolle, dass der Vater von Marie-Jeanne, die 1743 in Lothringen das Licht der Welt erblickt hatte, ein Franziskanermönch gewesen war und die Mutter eine einfache Näherin, einzig und allein das hübsche Gesicht und die makellose Figur waren die Voraussetzung für eine Karriere an der Seite und im Bett des Königs. Das reizende Mädchen war in einem Modehaus in Paris vom Grafen du Barry entdeckt worden, daneben hatte sie in ihrer Freizeit reichen Herren kurzweilige Stunden bereitet. Was lag daher näher, als sie auch dem König vorzustellen, denn Graf du Barry vermutete, dass er über sie interessante Fäden am französischen Hofe ziehen konnte. Der Graf wollte die Gunst der Stunde nützen, nicht aber ohne vorher ein kleines Fälschungsmanöver vorzunehmen. Er ließ sich die Geburtsurkunde Marie-Jeannes geben und aktenkundig vermerken, dass sein eigener Bruder die Dame geheiratet hatte, um ihr den Namen »du Barry« zu verleihen.

Der König war von dem schönen und charmanten Mädchen hingerissen, wobei natürlich alle, die irgendeine Machtposition bei Hofe innehatten, fürchteten, die neue Mätresse würde Einfluss auf die Politik nehmen wie seinerzeit Madame de Pompadour. Aber die »Dubarry«, wie Marie-Jeanne jetzt allgemein genannt wurde, hatte keine politischen Interessen, sie genoss die Vorzüge, die sich aus ihrer Stellung ergaben. Dabei konnte sie sich aber nicht bezähmen, die eine oder andere durchtriebene Intrige auszuhecken, sodass es allgemein hieß, man solle sich vor der jungen Frau in Acht nehmen. Da sie über längere Zeit hinweg im »Milieu« gearbeitet hatte, erkannte sie in so manchem Höfling, der sie jetzt umschmeichelte, einen ehemaligen Kunden, der davor zitterte, dass sein zweites Leben aufgedeckt werden könnte. Aber Madame Dubarry hütete sich, ihr wahres Gesicht zu zeigen.

Der König war ein großzügiger Liebhaber, der seine junge Mätresse ständig in seiner Nähe haben wollte. Er ließ ihr deshalb Gemächer im Schloss von Versailles einrichten und schenkte ihr kurz darauf ein eigenes Schlösschen. Daneben erfreute er sie mit Schmuckstücken der ganz besonderen Art. Denn bis zu dieser Zeit trugen die Damen im Wesentlichen nur Brillanten und Perlen, bunte Edelsteine waren nicht modern. Da aber Madame Dubarry eine besondere Schwäche für Rubine, Smaragde und Saphire zeigte, wurden für sie wunderbare Kreationen mit diesen Steinen geschaffen.

Es war beinahe selbstverständlich, dass die Mätresse an der Seite des Königs an allen Festlichkeiten teilnahm. Daher war sie auch Gast bei der Hochzeit des jungen Dauphin Ludwig mit Marie Antoinette. Es war für die Tochter der großen Maria Theresia eine unglaubliche Brüskierung, dass man diese »Person« zu den Hochzeitsfeierlichkeiten eingeladen hatte. Die junge Braut hatte sich vehement dagegen gesträubt, aber der König verlangte die Anwesenheit seiner Mätresse. Marie Antoinette schenkte der aufreizend gekleideten Dame weder einen Blick noch richtete sie ein Wort an sie, was beinahe zu einer Beleidigung des Königs geführt hätte. In den vielen Briefen an ihre Mutter besprach Marie Antoinette des Öfteren dieses Thema, wobei sie wesentlich härter urteilte als ihre sittenstrenge Mutter. So beschrieb Marie Antoinette ihr Verhältnis zu Ludwig XV. und seiner Mätresse folgendermaßen: »Der König hat tausend Freundlichkeiten für mich, ich liebe ihn zärtlich, doch tut er einem wegen seiner Schwäche für Madame Dubarry leid, die das dümmste und impertinenteste Geschöpf ist, das man sich vorstellen kann. Sie hat jeden Abend mit uns in Marly gespielt und hat sich zweimal neben mir befunden; doch hat sie mit mir nicht gesprochen, und ich habe nicht gerade versucht, mit ihr ein Gespräch anzuknüpfen.«

Als lebenserfahrene Frau riet die Kaiserin ihrer Tochter doch zu einem Mindestmaß an Kontakt, zu dem sich Marie-Antoinette lange nicht überwinden konnte. Nachdem auch der französische König das Schweigen zwischen diesen beiden Frauen nicht mehr duldete, ließ sich Marie Antoinette herbei, einen einzigen Satz an die verhasste Frau zu richten. Sie meinte, ohne Madame Dubarry anzublicken: »Es sind heute viele Leute in Versailles«. Für Ludwig XV. war das Eis zwischen den beiden Damen gebrochen, er konnte allerdings nicht ahnen, dass Marie Antoinette nie wieder ein Wort mit der Dubarry sprechen würde, obwohl sie sich dereinst das gleiche Schicksal teilen sollten.

Es blieb Marie-Jeanne du Barry vorbehalten, dass sie den König bis zu seinem schrecklichen Ende pflegen sollte, was sie mit Hingabe tat. Knapp bevor er starb, wurde Ludwig XV. von Gewissensbissen geplagt, was seinen Lebenswandel und seine unersättliche Gier nach Frauen betraf, dass er dem Himmel gleichsam ein Sühneopfer vorschlug: Er bestimmte, dass seine letzte Mätresse Madame Dubarry ihr weiteres Leben im Kloster verbringen sollte, etwas, was sicherlich nicht nach dem Geschmack der lebenslustigen Frau sein würde. Kaum hatte Ludwig XV. die Augen für immer geschlossen, als sein Nachfolger dem Wunsch des verstorbenen Königs nachkam und sich die Klosterpforten hinter Madame Dubarry schlossen – ein Triumph für die neue junge Königin Marie Antoinette!

Aber das Kloster war nicht ihr letztes Domizil, denn Ludwig XVI. besann sich eines Besseren und ließ Madame Dubarry 1776 auf ihr Schloss Louveciennes in der Nähe von Versailles zurückkehren.

In der Französischen Revolution, als der Mob sich der Besitzungen und Schlösser des Adels bemächtigte, wurde natürlich auch Madame Dubarry enteignet, ihr prachtvoller Schmuck wurde ein Raub des Pöbels und verschwand spurlos. Er war Madame Dubarrys einziger Besitz gewesen, der ihr noch geblieben war. Verzweifelt ließ sie von England aus, wo sie sich aufhielt, in ganz Europa nach den kostbaren Juwelen fahnden, allerdings ohne Erfolg.

Obwohl sie eines Tages von der Hinrichtung des Königs gehört hatte, nahm sie die politisch lebensgefährliche Situation in Frankreich im sicheren England nicht ernst. Sie entschloss sich, in die Heimat zurückzukehren, obwohl sie von Landsleuten, denen sie in England geholfen hatte, dringend gewarnt wurde, dies zu tun. Was sollte ihr nach 20 Jahren, die mittlerweile vergangen waren, eigentlich geschehen? Sie war eine alte, unattraktive dicke Frau geworden, die ihren Lebensabend beschaulich in der Nähe von Paris verbringen wollte. Daher war es für sie unfassbar, als eines Tages ein Trupp Bewaffneter an ihre Tür pochte, um sie abzuholen. Auch ihr Kopf sollte am Schafott rollen. Die Männer waren höchst verwundert, als Madame Dubarry lauthals zu schreien anfing, wild um sich schlug und sich mit Händen und Füßen wehrte, den Todeskarren zu besteigen. Die Schergen waren gewohnt, dass sich die Delinquenten wie Lämmer zur Schlachtbank führen ließen. Aber diese Frau bäumte sich auf gegen den sinnlosen Tod. Sie brüllte so laut und flehte um ihr Leben, dass sie allgemeines Aufsehen erregte. Es kam zu Tumulten in Paris und schließlich tauchte die Frage auf, wann das grause Köpferollen eigentlich ein Ende haben sollte. Denn so konnte es nicht weiter gehen! Madame Dubarry hatte sich nie viel um Politik gekümmert, aber durch ihren offen zur Schau gestellten Kampf um ihr Leben bewirkte sie, dass der stumpfen Masse des Volkes die Augen aufgingen. Man erkannte, dass die Guillotine keine Lösung für die sozialen Probleme war!

»Der Kongress tanzt …«

*Diese Aussage der Teilnehmer des Wiener Kongresses,
aber auch der vielen Adabeis traf den Nagel auf den
Kopf, denn in den langen Verhandlungsmonaten
wurde kaum etwas erreicht, erst die Rückkehr Napoleons aus Elba wirkte wie ein Donnerschlag.*

Nach den verheerenden Kriegszügen und der politische
Umstrukturierung in Europa durch den neuen Kaiser der
Franzosen war es nach der Völkerschlacht bei Leipzig notwendig geworden, dass sich die Herrscher der einzelnen
Länder endlich trafen, um am runden Tisch eine Neuauf-
teilung Europas festzulegen. Welche Stadt schien besser
geeignet zu sein als Wien, wo es der unentbehrliche Berater
von Kaiser Franz, Klemens Fürst Metternich, bestens verstand, ein Programm für die kommenden Wochen zu erar-
beiten, das den Ansprüchen aller gerecht werden konnte.
Denn immerhin hatte auch Österreich viel zu verlieren,
nicht nur durch Napoleon den Titel als deutscher Kaiser, es
ging auch um weite Gebiete Polens, die immer noch von russischen Truppen besetzt waren und die der russische Zar
nicht ohne weiteres herausgeben wollte.

Monate vorher hatte Metternich die Absicht, dass der
Kongress am 1. Oktober 1814 eröffnet werden sollte, was
sich als Schwierigkeit herausstellte, denn nicht nur die
Staatsoberhäupter folgten einer Einladung nach Wien sondern 216 fürstliche Dynastien wollten durch ihre Vertreter
auch dabei sein, um eventuell da und dort ein Stück von dem
zu verteilenden Kuchen abzubekommen. Nach zeitgenössi-

schen Berichten ging es in der Haupt- und Residenzstadt zu wie auf einem Bauernjahrmarkt, denn mit den hohen Herrschaften reiste ein riesiger Tross von Gesinde mit an, sodass man nicht wusste, wo man all die Leute unterbringen sollte. Aus der eleganten Barockstadt Wien wurde beinah über Nacht ein Heerlager, in dem selbst die billigsten Herbergen um horrende Preise vermietet wurden. Glücklich konnte sich der schätzen, der schon vor längerer Zeit in einem der komfortablen Palais sein Quartier bestellt hatte, denn innerhalb der Stadtmauern war es nirgendwo mehr möglich, auch einfache Übernachtungsmöglichkeiten zu finden.

Klemens Fürst Metternich konnte mit seinen von weit her angereisten Gästen zufrieden sein. So war auch seine Äußerung zu verstehen, dass ganz Europa in seinem Vorzimmer versammelt war. Lange vor dem 1. Oktober waren der Zar von Russland Seite an Seite mit dem König von Preußen Friedrich Wilhelm in Wien eingeritten, eine Situation, die der stets taktierende Metternich nicht besonders goutierte. Konnten bei der engen Vertrautheit der beiden nicht schon geheime Absprachen gelaufen sein? Vor allem Zar Alexander schien ein wenig vertrauenswürdiger Mann zu sein, der nicht nur ein pompöses Leben liebte, sondern auch den schönen Damen in Wien den Kopf verdrehte, sodass der belgische Fürst von Ligne den berühmten Ausspruch tun konnte: »Der König von Würtemberg frißt für alle, der König von Bayern säuft für alle und der Zar von Rußland liebt für alle«, wobei er sicherlich im österreichischen Staatskanzler Metternich einen ernst zu nehmenden Konkurrenten hatte, der sich allerdings, zumindest bei Tage auch um die diplomatischen Angelegenheiten kümmerte, vor allem darum, wie er seinen russichen Gegenspieler in jeder Hinsicht ausschalten konnte.

Es entbehrt nicht der Pikanterie, dass einige politische Entscheidungen wahrscheinlich auf den Kopfkissen der gemeinsamen Damen getroffen wurden, denn an diesen intimen Orten wurden nach einem intensiven Tête-a-tête Dinge ausgeplaudert, die nicht unbedingt für andere Ohren bestimmt waren. Deshalb äußerte sich der berühmte Vertreter Frankreichs, Talleyrand, der sich in den amourösen Reigen zurückhielt, folgendermaßen: »In Wien wird der Handel in den Alkoven getätigt«.

Nach geheimen Vorverhandlungen wurde der Eröffnungstermin des Kongresses vertagt. Zu stark waren die Teilnehmer von den Festlichkeiten ermüdet und von den Galadiners übersättigt, als dass man nun zu konkreten Taten schreiten wollte. Der österreichische Kaiser Franz I., dem all der Trubel, der ihn umgab, fast zu viel war, ließ dann und wann eine zögerliche Ermahnung hören, man möge doch endlich den Kongress eröffnen, denn die kaiserlichen Geldtruhen wären auch nicht unerschöpflich – immerhin kostete die Bewirtung der Gäste Unsummen. Aber Metternich konnte nichts Besseres passieren, als dass sich alles in die Länge zog, denn er setzte für seine politischen Spekulationen auf Zeit, um den russischen Zaren studieren zu können. Er hatte ein Festkomitee aus Hofwürdenträgern gründen lassen, die für die Lustbarkeiten in der nächsten Zeit verantwortlich zeichneten, wobei allerdings den geheimen Spitzeln und Einflüsterern eine große Rolle zukam. Wien wurde auf diese Weise zu einer Metropole des Spitzelwesens, keiner war vor dem anderen sicher, nur Talleyrand wusste in seiner Schlauheit die Sicherheitsbeauftragten Metternichs an der Nase herumzuführen. Denn für Metternich war es undenkbar, dass Talleyrand sich nicht irgendjemandem gegenüber eine Blöße geben würde, die der Staatskanzler dann gegen ihn verwenden konnte. Aber der Franzose war unantastbar.

Dreiviertel seiner Zeit, so wurde behauptet, verbrachte der schöne Metternich mit Festlichkeiten, worüber sich Sir

Edward Cooke, einer der Vertreter Englands, indigniert äußerte, dass Metternich »ganz unerträglich frei und leichtsinnig mit den Frauen« wäre. Was der Zar auf seine Weise ganz anders sah, denn er bezeichnete Metternich als den besten Zeremonienmeister der Welt, wobei er allerdings hinzufügte, dass man kaum einen schlechteren Minister finden könnte.

Als man sich endlich zusammensetzte, um über die europäische Politik zu beraten, zeigte es sich, dass die Meinungen über die Neuordnung gefährlich auseinanderdrifteten. Russland wollte nicht nur ganz Polen behalten, sondern auch noch die Herrschaft über Sachsen, Frankreich hatte niemals die Absicht, trotz der Niederlagen Napoleons, als Macht zweiter Kategorie zu spielen, und die deutschen Kleinstaaten beanspruchten Rechte genauso wie Preußen, die ihnen eigentlich niemals zugestanden hatten. Und da so mancher nur mit einem halben Ohr oder schlaftrunken von der vergangenen Ballnacht, die sich bis in den frühen Morgen hineingezogen hatte, zuhörte, was verhandelt wurde, mussten die umstrittenen Dinge immer wieder wiederholt und aufs Neue aufgerollt werden. Denn zwischendurch war man viel zu ermüdet durch die Ausritte im Prater, für die der österreichische Kaiser allein 1400 Pferde bereitgestellt hatte, oder von den anstrengenden Schlittenpartien im Wiener Wald, die meist im Bett irgendeiner Balletttänzerin endeten, die man am Vortag in geheimen Separes bewundert hatte. Auch Metternich schien diesen Schlendrian zu genießen, denn Wilhelm von Humboldt, der mit dem preußischen König nach Wien gekommen war, schilderte das Verhalten Metternichs: »Metternich interessiert sich nur für das Arrangieren von Unterhaltungen und tableau vivants für den Hof. Er ist durchaus in der Lage, ein paar Botschafter warten zu lassen, während er seine Tochter tanzen sieht und lie-

benswürdig mit den Damen plaudert. Er nimmt nur Nebensächlichkeiten ernst, und das ernste Geschäft behandelt er
wie Nebensächlichkeiten.«

Wahrscheinlich wäre das süße Leben in Wien bis zum
Sankt Nimmerleinstag fortgesetzt worden, wäre nicht noch
einmal das Schreckgespenst Europas von Elba aufgetaucht:
Napoleon, dem Anfang März 1815 die Flucht gelungen war,
zog am 20. März unter dem Jubel der Bevölkerung in Paris
ein. Der Paukenschlag war perfekt! Was keiner vermutet
hatte, trat ein: Die Staatsmänner in Wien erkannten nach
Monaten, weshalb sie eigentlich gekommen waren. Die, von
denen Talleyrand zynisch behauptet hatte, sie wären »zu
ängstlich, um gegeneinander zu kämpfen, zu dumm um ein
Übereinkommen zu erzielen«, verhandelten plötzlich ernsthaft miteinander und erzielten zumindest vorübergehende
Ergebnisse, die in der Schlussakte des Kongresses festge-
schrieben waren, die nicht nur von Österreich, Frankreich,
England, Portugal, Preußen, Russland und Schweden »im
Namen der heiligen und unteilbaren Dreieinigkeit« unterzeichnet, sondern die am 9. Juni auch von den kleinen Staaten in Europa akzeptiert wurde, natürlich – wie hätte es
anders sein können – bei einem glanzvollen, letzten Fest.

Die Tragik der Erstgeburt

Wie verhängnisvoll die Regelung war, dass immer der Erstgeborene die Nachfolge seines Vaters antreten sollte, zeigte sich beim ältesten Sohn von Kaiser Franz, bei dem kranken Ferdinand, der die Last des Herrschens schließlich nicht mehr ertragen konnte.

Eigentlich hatte das Kaiserhaus ein Bulletin veröffentlicht, wonach die junge Kaiserin Maria Theresia am 19. April 1793 einem gesunden Knaben das Leben geschenkt hatte. Es war der Wunsch der Eltern gewesen, dass das Kind, das mit einem viel zu großen Kopf auf die Welt gekommen war, sich normal entwickeln sollte, denn immerhin würde es später einmal die Kaiserkrone tragen. Nur durch die Kunst der Ärzte blieb der überaus schwächliche Knabe überhaupt am Leben, aber schon sehr bald zeigten sich gewaltige Einschränkungen in seiner Entwicklung, das Kind machte sehr spät die ersten freien Schritte und auch das Erlernen des Sprechens bereitete ihm große Schwierigkeiten. Die Eltern erkannten sehr rasch, dass man Ferdinand eine andere Erziehung zukommen lassen musste, als den übrigen Kaiserkindern, von denen vor allem die Mädchen durch ihren glänzenden Geist die Aufmerksamkeit aller erregten. Mit Sorge bemerkten Franz I. und seine Gemahlin, dass der Sohn nicht nur langsam in seiner Auffassung war, sondern auch tagtäglich von zahllosen Krämpfen geschüttelt wurde, die man sich zunächst nicht erklären konnte. Aber die enge Blutsverwandtschaft der Eltern – Franz und Maria Theresia von Neapel-Sizilien waren Cousine und Cousin – bewirkte, dass einige der zwölf Kinder, die die junge Frau zur Welt brachte, gesundheitlich stark eingeschränkt waren. Natürlich allen voran der Kronprinz!

Nachdem das Kind bis zum neunten Lebensjahr in der Obhut seiner Ajas geblieben war, was so ganz und gar nicht den Gepflogenheiten bei der Erziehung eines Thronfolgers entsprach, erhielt er im Jahre 1802 Franz Maria von Steffaneo-Carnea als Erzieher, dessen verständnisvolle Behandlung das bedauernswerte Kind in positiver Weise in seiner geistigen Entwicklung voranbrachte. Ferdinand begann sich für alle möglichen Wissensgebiete zu interessieren, er zeigte großes Verständnis für technische Neuerungen, beschäftigte sich mit der Wappenkunde und bevorzugte den Aufenthalt in der Natur. Alle waren über die Fortschritte, die der Jüngling machte, erstaunt, nur die Kaiserin Maria Theresia sah in dem ambitionierten Erzieher einen Scharlatan, den sie mit allen Mitteln von ihrem Sohn zu entfernen suchte. Als Nachfolger erwählte sie den Freiherrn Joseph von Erberg, der keine leichte Aufgabe übernahm, denn Ferdinand, der seinen bisherigen Lehrer geliebt hatte, machte ihm in seiner Enttäuschung das Leben schwer, indem er Tobsuchtsanfälle bekam und bei jeder nur möglichen Gelegenheit seine üblen Launen an dem ambitionierten Mann ausließ. Trotz dieser anfänglichen Schwierigkeiten gelang es Joseph von Erberg Ferdinand für das Leben zu öffnen, denn nur so würde er dereinst in der Lage sein, die Nachfolge seines Vaters anzutreten. Natürlich mit dem allmächtigen Metternich an seiner Seite. Denn schon seinem Vater war der Kanzler unentbehrlich, wie notwendig würde ihn erst der kranke Sohn haben!

Es war für alle Lehrer nicht leicht, dem Thronfolger vor allem harmonische Bewegungen beizubringen, denn durch die epileptischen Anfälle war sein ganzer Körper in einer unnatürlichen Spannung, die vieles verhinderte, wie lockeres Schreiben oder leichtes Gehen. Dennoch erhielt er Fechtunterricht, eigens engagierte Tanzlehrer versuchten ihm die entsprechenden Schritte auf dem Parkett beizubringen, wobei man eine gewisse Musikalität des Jünglings erkennen konnte, sodass er Klavierunterricht bekam.

Nach dem frühen Tod Maria Theresias heiratete der Kaiser überraschend schnell Maria Ludovika, die sich rührend um die Kinder ihres Gemahls kümmerte. Sie übernahm keine leichte Aufgabe, denn gerade Ferdinand wirkte immer noch geistig sehr eingeschränkt, obwohl er mittlerweile fünf Sprachen erlernt hatte und durch sein Zeichentalent allgemein aufgefallen war. Aber ein zukünftiger Kaiser musste auch vom Militärwesen eine Ahnung haben, reiten und schießen können. Diesen Anforderungen konnte Ferdinand natürlich nicht in jeder Hinsicht genügen, wenn man seine täglichen mehrmaligen epileptischen Anfälle bedenkt, die ihn körperlich und psychisch ungemein schwächten.

Erst ab 1829, also bereits im fortgeschrittenen Alter, nahm der Thronfolger an den Staatsratssitzungen teil, allmählich ging der Vater auf Anraten Metternichs dazu über, den Sohn mit verschiedenen Aufgaben zu betrauen. Nachdem Ferdinand am 28. September 1830 zum König von Ungarn gekrönt worden war, hatte man allgemein erwartet, dass der Thronfolger größere Rechte innerhalb der Staatsführung erhalten würde. Aber auch seine Krönung zum König von Böhmen bewirkte keine Änderung seines Status im Schatten, denn er war nun einmal alles andere als ein Vorzeigekronprinz. Man konnte nur auf ein möglichst langes Leben seines Vaters, des »guten Kaisers Franz« hoffen, um nicht allzu bald einer Regentschaft des »Trottels«, wie er in Wien bezeichnet wurde, ausgesetzt zu sein. Dabei war der körperlich so eingeschränkte Mann alles andere als geisteskrank, immer wieder zeigte er soziales Engagement und Hilfsbereitschaft, besonders, als er die Ehrengeschenke der Ungarn und der Böhmen, immerhin jeweils 50 000 Dukaten, an die Armen in den jeweiligen Ländern verteilen ließ.

Vielleicht hätte Kaiser Franz seinem Sohn und vor allem der Monarchie viel Gutes getan, hätte er das unselige Gesetz der Primogenitur abgeschafft, sodass eine seiner fähigen Töchter seine Nachfolge hätte antreten können. Aber dieser Gedanke war auf Grund der jahrhundertelangen Tradition geradezu absurd. So nahm das Schicksal seinen Lauf: Ferdinand bestieg am 2. März 1835, nachdem der Vater die Augen für immer geschlossen hatte, als Kaiser den Habsburgerthron. Man nannte ihn mit Recht den »Gütigen«, denn selbst seine Abdankung zu Gunsten seines Neffen Franz Joseph war ein Zeichen von Gutmütigkeit. Bis dahin sollten allerdings noch 13 Jahre vergehen, in denen zunächst die so genannte »Staatskonferenz« die Amtsgeschäfte ausführte, der der Bruder des Kaisers Erzherzog Franz Karl, der Vater des späteren Kaisers Franz Joseph, genauso angehörte wie der Staatskanzler Metternich, Graf Franz Anton Graf von Kolowrat-Liebsteinsky und der Onkel Ferdinands, Erzherzog Ludwig.

Obwohl Ferdinand keineswegs das Abbild eines begehrenswerten jungen Mannes war, kursierten schon sehr bald Heiratspläne, die allerdings auf wenig Interesse in den europäischen Fürstenhäusern stießen. Denn selbst der Status des österreichischen Kronprinzen hatte nicht darüber hinweggetäuscht, wie problematisch eine eheliche Verbindung mit dem Epileptiker sein würde. Die Tochter Viktor Emanuels I. war schließlich die unglückliche Braut, die Ferdinand zum Altar führte. Die Ehe blieb kinderlos, da Ferdinand wahrscheinlich nicht in der Lage war, die Ehe zu vollziehen, was natürlich zum allgemeinen Spott über ihn beitrug. Aus »Ferdinand dem Gütigen« drehten die Wiener den Ausdruck »Gütinand der Fertige«, man ließ an ihm kein gutes Haar und bedauerte wahrscheinlich, dass das Attentat, das der Hauptmann Franz Reindl auf ihn in Baden verübt hatte, misslungen war. Wie durch ein Wunder war Ferdinand nur leicht verletzt worden.

Was niemand so genau registrierte, war, dass Ferdinand wirkliche Wohltaten vollbrachte, indem er nach seiner Krönung zum König von Lombardo-Venetien eine Generalamnestie für alle politisch Verfolgten erließ.

Wäre er nicht so sehr unter dem Einfluss Metternichs gestanden, wäre es wahrscheinlich nicht zur Märzrevolution in Wien gegen ihn gekommen. Als das wütende Volk an den Fenstern der Hofburg vorbeizog und Metternich dem Kaiser erklärte, dass es sich um eine Revolution handelte, soll Ferdinand erstaunt gefragt haben: »Ja, dürfen's denn des?«

Es blieb ihm nichts übrig als abzudanken. Als Privatmann verbrachte er sein weiteres Leben in Böhmen, wo er sich erstaunlicherweise selber um die Verwaltung seiner Güter kümmerte und große wirtschaftliche Erfolge erzielte. Als Kaiser Franz Joseph das Erbe seines Onkels am 29. Juni 1875 antrat, war er ein reicher Mann.

Der Vetter gab ihr einen Ring – dafür gibt sie ihm eine halbe Krone

Es waren böse Kommentare, die in der britischen Presse zu lesen waren, als bekannt wurde, dass die junge Königin Victoria die Absicht hatte, ihren deutschen Cousin Albert von Sachsen-Coburg und Gotha zu ehelichen.

Es war zwar nicht die berühmte Liebe auf den ersten Blick gewesen, die Albert und Victoria getroffen hatte, als sie einander kennen lernten, aber der Onkel der beiden wusste, was er wollte, als er Albert nach London eingeladen hatte. Viele Zufälle mussten passieren, bis sie einander das Ja-Wort geben konnten. Denn von allem Anfang an war nicht abzusehen, dass die junge Prinzessin, die Tochter des Herzogs von Kent und seiner deutschen Gemahlin, einmal Königin von Großbritannien und Kaiserin von Indien werden sollte. Immerhin stand sie erst in der fünften Reihe in der Thronfolge. Aber auch Albert war als Sohn des leichtlebigen Herzogs Ernst von Sachsen-Coburg, der den Damen seiner Umgebung wesentlich mehr Beachtung schenkte als seiner blutjungen Gemahlin Luise von Sachsen-Coburg-Altenburg, nicht gerade für eine hochfliegende politische Karriere ausersehen gewesen. Die beiden Söhne aus dieser verpfuschten Ehe, Ernst und Albert – letzterer erblickte am 26. August 1819 das Licht der Welt – waren noch kleine Kinder, als die Mutter vom Hofe als »persona non grata« verbannt wurde, da sie sich mit verschiedenen Liebhabern an ihrem ungetreuen Ehemann gerächt hatte. Es war ein Glück für die beiden, dass sie mit Christoph Florschütz einen verständnisvollen Erzieher bekamen, der sie über lange Zeit hinweg begleiten sollte, denn auch der Vater kümmerte sich wenig um Ernst und Albert, nur selten zeigte er sich beim Frühstück oder nahm sie auf die Jagd mit.

Schon sehr früh begann das Lernpensum für die Herzogssöhne, Sprachen standen auf dem Stundenplan genauso wie Geschichte, Philosophie oder naturwissenschaftliches Experimentieren. Dabei zeigte sich, dass Albert ungewöhnlich schnell auffasste, sich für alles interessierte, was ihm geboten wurde, und durch eine erstaunliche Musikalität überraschte. Später sollte er sogar selber komponieren und eine Oper schreiben.

Vielleicht wäre sein Schicksal ganz anders verlaufen, hätte sich nicht der jüngste Bruder seines Vaters Leopold, der durch merkwürdige politische Konstruktionen König von Belgien geworden war, um ihn und seinen Bruder Ernst rührend gekümmert. Er war es auch, der erstmals den Plan entwickelt hatte, dass der gut aussehende Coburger Prinz eventuell die englische Prinzessin Victoria heiraten könnte. Um ein zwangloses Kennenlernen der beiden jungen Leute herbeizuführen, bewirkte er, dass die Mutter Victorias eine Einladung an Albert schickte, die dieser freudig annahm. Die erste Begegnung der jungen Leute war zwar freundschaftlich, jedoch schien sich keine Liebelei anzubahnen. Keiner von beiden ahnte, was hinter den Kulissen gespielt wurde. Und als sie auseinandergingen, machte man anscheinend Victoria gegenüber verschiedene Andeutungen, die sie aber kaum ernst nahm. Albert ließ man völlig im Ungewissen.

Die nächsten zehn Monate waren prägend für Albert, denn Onkel Leopold lud ihn und seinen Bruder Ernst nach Brüssel ein, wo die beiden Coburger Prinzen in den Naturwissenschaften unterrichtet und ihnen in aufgeklärter Form die politischen Strukturen in Europa nahe gebracht wurden, wobei ihre Lehrer besonderen Wert darauf legten, dass sie mit offenen Augen und Ohren die sozialen Veränderungen in Europa wahrnehmen sollten. Albert erwähnte später, dass ihm in Brüssel »der Glaube an Liberalität und Humanismus, an Recht und Pflicht und an die Verfassung eingeimpft« worden war.

An den Aufenthalt in Brüssel schloss sich ein Studium generale in Bonn an, darnach unternahmen die Prinzen eine Bildungsreise nach Italien in Begleitung von Christian Stockmar, dem Albert ein Leben lang verbunden bleiben sollte.

Während der »Lehrjahre« Alberts war es in London zu einer großen Rochade gekommen: Die junge, nicht besonders gebildete Prinzessin Victoria war auf den britischen Thron gelangt, wo es zunächst ihr erstes Ziel war, den Einfluss ihrer eigenen Mutter und den ihres Einflüsterers John Conroy zu brechen. Da Leopold von Belgien auch der Onkel Victorias war und sich ausrechnen konnte, dass das unbedarfte Mädchen größte Schwierigkeiten beim Regieren haben würde, hatte er längst begonnen, der Nichte in vielen Briefen politische und strategische Ratschläge zu erteilen. Außerdem hatte er ihr den verlässlichen Stockmar nach London gesandt, der sie äußerst positiv beeinflusste. Alles, was ihr fehlte, war ein passender Ehemann! Aber auch da hatten König Leopold und auch Stockmar einen entsprechenden Kandidaten im Talon für die junge, zur Rundlichkeit neigende Königin, deren erstes Regierungsjahr durchaus positiv verlaufen war: Albert von Sachsen-Coburg und Gotha! Zwar hatte die Königin in beinah kindlicher Selbstüberschätzung dem Gratulationsschreiben Alberts anlässlich ihrer Thronbesteigung wenig Beachtung geschenkt, jetzt aber, als Albert nach einer schrecklichen Seefahrt endlich vor ihr stand, verliebte sie sich von einem Moment in den anderen in den schönen Prinzen. Sie schrieb in ihr Tagebuch: »Ich muß mein Herz festhalten!«

Auch Albert, den man endlich in den Heiratsplan eingeweiht hatte, war nicht abgeneigt, der Cousine die Hand fürs Leben zu reichen. In einem Brief an seine Stiefgroßmutter beschrieb er seine Gefühle, als Victoria ihm, wie es die Tradition vorschrieb, einen Heiratsantrag machte: »... ich habe ihr ganzes Herz gewonnen, und ich könnte sie überglücklich machen, wenn ich ihr das Opfer bringen wollte, mit ihr mein Leben zu teilen ... Die freudige Freimütigkeit, mit der sie mir dies sagte, hat mich wirklich ganz bezaubert und hingerissen ... Ich bin fest überzeugt, der Himmel hat mich in keine schlechten Hände gegeben, und wir werden glücklich zusammen sein.«

So enthusiastisch wie ihre Königin sahen allerdings die Engländer die Heirat mit dem deutschen Prinzen keineswegs. Der »typische Deutsche« war in jeder Hinsicht ein Störfaktor im politischen Geschehen, wenngleich sich Albert auch nach der Hochzeit am 10. Februar 1840 nicht in politische Angelegenheiten mischte, oder sich auch nicht mischen durfte. Denn so sehr Victoria ihren schönen Gemahl liebte, so wenig erlaubte sie irgendwelche politischen Aktionen Alberts, wobei sie nicht bedachte, dass ihr gebildeter und sozial eingestellter Gemahl ihr viele unangenehmen Dinge erspart hätte. Albert war für Victoria in den ersten Ehejahren ein geliebter Bettgenosse, ein rührender Vater für die hintereinander geborenen Kinder und ein Privatgelehrter, der seinen Hobbies, zu denen sie keine Beziehung hatte, nachgehen konnte. Erst allmählich erkannte sie, wie wertvoll seine Ideen von einem modernen Staat waren, wie sehr er sich für die Menschenrechte, die Abschaffung der

Sklaverei, für soziale Umstrukturierungen einsetzte, wie zukunftsorientiert sein Denken war. Victoria klebte immer noch in den alten Strukturen, die von den Tories und Wighs bestimmt waren, die so weit gingen, dass selbst die Hofdamen nach deren Parteizugehörigkeit ausgesucht wurden. Für Albert war es schwer, die Ratgeber seiner Gemahlin auszutauschen, angefangen von der intriganten Baronin Lehzen, deren dubiose Machenschaften selbst seine Ehe gefährdeten und die er als »feuerspeienden Hausdrachen« bezeichnete, bis hin zur Ablösung des Premierministers. Seine Aufnahme in den Kronrat dauerte zwar einige Zeit, geschah aber zum Besten des Staates.

Mit der aufbrausenden, jähzornigen Victoria durchstand er im Laufe der Zeit einige ernste Krisen, wobei die Hauptstreitpunkte die Erziehung der neun Kinder waren. Victoria, die jede Schwangerschaft hasste, konnte zu ihren Söhnen und Töchtern keine mütterliche Beziehung aufbauen. Albert hingegen liebte seine Kinder über alles, spielte mit ihnen und versuchte, ihnen eine unbeschwerte Kindheit zu bieten, etwas, was er selber nie kennen gelernt hatte.

Als Albert mit nur 42 Jahren starb, brach für die Queen die Welt zusammen. Sie, die einem ganzen Zeitalter den Namen gegeben hatte, überlebte ihren Gemahl um 40 Jahre. Beide fanden ihre letzte Ruhestätte im Mausoleum von Frogmore in der Nähe von Schloss Windsor.

Ein Bayer auf Griechenlands Thron

Es grenzte fast an eine Humoreske, als man im Londoner Protokoll 1830 den minderjährigen Sohn König Ludwigs I. von Bayern als König von Griechenland vorschlug. Aber man wollte einen Herrscher, mit dem man machen konnte, was man wollte.

Denn weder England noch Frankreich waren daran interessiert, dass sich Griechenland nach der Befreiung vom türkischen Joch tatsächlich zu einem eigenständigen Staat entwickelte, weshalb man einen Herrscher suchte, den man gängeln konnte. Und da die Vorliebe des Bayernkönigs Ludwig für alles Griechische europaweit bekannt war, lag es beinah auf der Hand, einem seiner Söhne die Krone Griechenlands anzutragen. Der Vater zögerte nicht lange, seinen im Jahre 1830 erst 15-jährigen Sohn Otto vorzuschlagen, denn er fühlte sich von dem Angebot Englands, Frankreichs und Russlands höchst geschmeichelt.

Dem grüblerisch veranlagten Prinzen blieb natürlich nichts anderes übrig, als das zu tun, was der Vater für richtig hielt. Vielleicht klagte er seiner Mutter Therese von Sachsen Hildburghausen, die Otto über alles liebte, sein Leid und seine Ängste, denn mit so einer Position hatte der zweitgeborene Sohn des Königs von Bayern niemals gerechnet. Obwohl er Dichter und Wissenschaftler als Lehrer gehabt hatte, die ihm eine umfassende Bildung hatten angedeihen lassen, war er doch für die schwierige Aufgabe, in einem völlig anderen Land die Regierungsgeschäfte übernehmen zu müssen, absolut überfordert. Er kannte weder die

politische Struktur Griechenlands, noch die sozialen Verhältnisse und vor allem nicht die Einflussnahme Englands,
Frankreichs und Russlands. Trotz dieser Unwägbarkeiten
unterschrieb sein Vater Ludwig I. 1832 das zweite Londoner Protokoll für seinen Sohn, in dem Otto nun offiziell
zum König von Griechenland ernannt wurde.

Wie ein Blinder tappte der junge Prinz in eine Falle, als
er in Nauplion am 6. Februar 1833 griechischen Boden nach
einer zweieinhalbmonatigen Reise betrat. Zur Sicherheit
hatte ihm der Vater 3 500 bayerische Soldaten mitgegeben,
man konnte schließlich nicht wissen, wie die Griechen ihren
neuen König aufnehmen würden. Aber es schien, als wäre
man damit zufrieden, endlich ein Staatsoberhaupt zu
bekommen, das versuchen sollte, die wirren Zustände, die
im Land herrschten, zu beseitigen.

Freilich war die griechische Bevölkerung erstaunt, als sich
herausstellte, dass Otto noch minderjährig war und daher
ein Regentschaftsrat zunächst für den unmündigen König
herrschen sollte, in dem bayerische Beamte saßen, die zwar
begeisterte Humanisten und Kenner des Altgriechischen
waren, aber keinen Zugang zur Bevölkerung und deren Probleme hatten. Dazu kamen große finanzielle Probleme, die
Situation des Staates war katastrophal, Athen war zerstört,
die Bauern ausgeblutet, Hunger und Seuchen machten sich
breit. Zwar hatten die Westmächte 60 Millionen Francs in
Aussicht gestellt, aber nur einen Bruchteil des Betrages
wirklich überwiesen. Man wollte sich Griechenland ob mit
oder ohne König in Abhängigkeit halten, wobei sowohl
England als auch Frankreich und Russland jeweils andere
Interessen vertraten, aber insgesamt war das Land für all
diese Staaten strategisch wichtig. Daher konnte der junge
König aus Bayern auch nach seinem Regierungsantritt nur
ein Spielball in den Händen der Mächtigen sein, obwohl

Otto versuchte, eigenständige Politik zu machen. Dabei beging er einen gewaltigen Fehler, der ihm von seinem eigenen Vater aufoktroyiert worden war. Er ließ keine Verfassung zu, denn Ludwig hatte in Bayern mit einer zu großen Liberalisierung schlechte Erfahrungen gemacht. Davor wollte er den Sohn bewahren. Diese Entscheidung war, wie es sich in einigen Jahren zeigen sollte, verhängnisvoll. Denn Otto sah sich schon nach kurzer Zeit verschiedenen Gruppierungen gegenüber, deren dubiose Absichten er nicht durchschauen konnte, obwohl er vielfach gewarnt worden war. Auch seine junge Gemahlin Amalie, die Tochter des Großherzogs von Oldenburg, die er 1836 geheiratet hatte, hatte in ihrer realistischen Art versucht, ihm die Augen zu öffnen, aber Otto war von seinen Ideen, die er umsetzen wollte, so überzeugt, dass er keinerlei Ratschläge akzeptierte. In der ohnedies komplizierten Situation, in der er sich befand, kam noch der religiöse Gegensatz hinzu. Otto war als guter Bayer streng katholisch erzogen worden, wobei es für ihn aber keine Rolle gespielt hatte, eine Protestantin zu heiraten. Die Ehe mit Amalie war von den beiden Eltern vereinbart worden, obwohl Otto, wie er sich selber seinem Vater gegenüber ausdrückte, »... zwar noch nicht völlig in dieses anbetungswürdige Geschöpf verliebt sei, daß aber sicher bald echte Liebe in ihm wachsen würde.« Die Trauung in Oldenburg zeigte eine gewisse Toleranz König Ludwigs I., denn sie wurde sowohl nach katholischem als auch evangelischem Ritus vollzogen. Auch als König von Griechenland war Otto in religiöser Hinsicht duldsam, im Gegensatz zur griechischen Bevölkerung, die forderte, dass zumindest der heiß ersehnte Thronfolger griechisch-orthodox getauft werden sollte. Aber das Schicksal war unbarmherzig, nach einer Fehlgeburt stellten sich bei dem jungen Paar keine Kinder mehr ein. Vielleicht war dies der Grund, dass Otto schon sehr bald in den Ruf geriet, den schönen Damen seiner Umgebung nicht widerstehen zu können, denn so manche Liebschaft wurde ihm nachgesagt, sogar mit einer ehemaligen Geliebten seines Vaters, mit Jane Digby, obwohl seine eigene Frau alles andere als hässlich war, ja ihr Wuchs wurde von König Ludwig, der ein exzellenter Frauenkenner war, besonders bewundert, er bezeichnete seine Schwiegertochter als ein »Modell«.

König Otto erlernte die neugriechische Sprache in überraschend kurzer Zeit, sodass es ihm möglich gewesen wäre, griechische Berater und Beamte einzustellen. Aber von dieser Idee hielt er gar nichts, er strukturierte seinen Verwaltungsapparat ganz nach bayerischem Muster, was sich für die Zukunft zwar nicht schlecht erweisen sollte, aber in der Gegenwart für ihn verheerende Folgen hatte. Und da er durch seine Baumeister viele zerstörte Gebäude wieder auferstehen und zusätzlich in Athen ein Schloss erbauen ließ während die Bauern immer noch darbten, machte sich allerorts Unzufriedenheit breit. England und Frankreich waren auch ihrerseits nicht faul, die Missstände, die in Griechenland weiter herrschten, an den Pranger zu stellen und dem König für alles, was passierte, die Schuld in die Schuhe zu schieben. Als 1843 die letzten bayerischen Truppen Griechenland verließen, brachen die ersten bewaffneten Unruhen gegen den fremden König aus. Gefährlich wurde die Lage, als Otto nach einem Militärputsch in Athen fürchten musste, dass es zu einem Flächenbrand in ganz Griechenland kommen könnte. Im letzten Moment billigte er dem Volk eine Beteiligung an der Regierung zu und ein Grieche, Andreas Metaxas wurde zum Ministerpräsidenten ernannt. Aber auch er konnte nicht mehr den Thron für Otto retten, denn die einzelnen Parteien im Land befehdeten sich nach wie vor, unterstützt durch die Westmächte.

Es war für das Königspaar geradezu ein Glück, dass es sich auf Reisen befand, als es im Jahr 1862 zu einem neuerlichen großen Aufstand kam. Otto, der sofort nach Griechenland zurückkehren wollte, wurde von den Westmächten daran gehindert, denn sein Leben schien ernsthaft in Gefahr zu sein. Daher stellten ihm die Engländer ein Schiff zur Verfügung, mit dem er endlich den Rückweg nach Bayern antreten konnte. Nichts war von ihm in Griechenland zurückgeblieben, es war ihm gelungen, selbst die Kronjuwelen, die er aus Bayern mitgebracht hatte, in Sicherheit zu bringen. Das griechische Abenteuer war ein für allemal beendet.

So sehr man Otto damals in Griechenland anfeindete, so sieht man ihn heute in diesem Land als echten Wohltäter, denn er hatte zwar politisch versagt, aber viele kulturelle Einrichtungen gehen auf seine Initiative zurück. In seinem Exil im Bamberg starb er mit 52 Jahren an den Masern. Viel später erkannte man seine »Fehler«: »Er war nicht rücksichtslos genug, damit man ihn fürchtete, nicht leidenschaftlich genug, um geliebt und nicht kompetent genug, um respektiert zu werden!«

Der geplante Überraschungskaiser

*Die Chancen, dass der Sohn des Kaiserbruders einmal
auf dem Habsburgerthron sitzen würde, waren denkbar schlecht, obwohl Kaiser Ferdinand I. keinen leiblichen Sohn hatte. Aber durch geschickte Schachzüge
seiner Mutter wurde schließlich Franz Joseph in
Olmütz gekrönt.*

Schon lange war nicht nur im Kaiserhaus gemunkelt worden,
dass der kranke Kaiser Ferdinand, der unglücklicherweise die
Krone tragen musste, nicht in der Lage war, mit seiner
Gemahlin Maria Anna von Sardinien einen Sohn zu zeugen.
Und immer öfter tauchte während seiner Regierungszeit die
Vermutung auf, dass sein jüngerer Bruder Franz Karl, der mit
der Wittelsbacher Prinzessin Sophie verheiratet war, die
Nachfolge antreten könnte, etwas, was auch nicht unbedingt
wünschenswert gewesen wäre. Denn Franz Karl, der zwar
nicht wie sein Bruder an Epilepsie litt, war keineswegs ein
dynamischer, zukunftsorientierter Mann, der mit Mut und
Energie das verfahrene Staatsruder herumreißen konnte.
Auch unter seiner Regentschaft wäre die Monarchie weiterhin der restriktiven Politik eines Klemens Fürst Metternich
ausgesetzt, durch die das Kaiserreich in eine ernstzuneh-
mende Krise schlitterte. Denn überall in Europa wurden die
Forderungen nach Freiheit, Gleichheit und Brüderlichkeit
lauter, wie man sie schon 1789 in Paris vernommen hatte.
Auch in Österreich war durch die revolutionären Vorgänge
in Wien die Lage nicht nur für den Hauptverantwortlichen
Metternich brandgefährlich geworden, auch die kaiserliche

Familie verließ beinah fluchtartig Wien, um im ruhigen Innsbruck zunächst eine Bleibe zu finden.

Da die Situation in Wien aus den Bahnen zu laufen drohte, willigte Kaiser Ferdinand, der nicht zu Unrecht den Beinamen »der Gütige« trug, in einzelne Reformen ein, die der Anfang einer konstitutionellen Monarchie hätten sein können. Da aber die Regierungstage Ferdinands gezählt waren, konnte vieles nicht mehr verwirklicht werden, was auf dem Papier beschlossen worden war. Denn starke Männer kamen auch nach Metternich, die nicht mehr auf Ferdinand als Regierungschef setzten, sondern auf seinen beinah noch jugendlichen Neffen Franz, den ältesten Sohn von Erzherzogin Sophie und deren Gemahl Franz Karl. Als einer von ihnen, Fürst Schwarzenberg, den jungen Erzherzog im Heere Radezkys in Italien kennen lernte, war er der Überzeugung, dass dieser flotte junge Mann, dem man damals Mut nicht absprechen konnte, der geeignete Nachfolger des kranken Kaisers sein würde.

Nachdem der Stern Metternichs gänzlich gesunken war, stieg Schwarzenberg, ein Mann mit »kaltem nüchternen Verstand und österreichischem Herzen« beinah kometenhaft auf. Er wusste, was in den nächsten Jahren vonnöten war, wollte man das Auseinanderfallen der Monarchie verhindern. In kürzester Zeit gelang es ihm, Männer in der Regierung um sich zu scharen, deren oberstes Ziel es war, alle modernen demokratischen Versuche zum Scheitern zu bringen. Als Ministerpräsident noch unter Kaiser Ferdinand hatte er eine starke Frau an seiner Seite: Erzherzogin Sophie, die in dem Fürsten den geeigneten Mann sah, der sie unterstützen würde, ihre Pläne zu verwirklichen. Sophie sollte sich in Schwarzenberg nicht täuschen!

In geheimen Verhandlungen wurde Kaiser Ferdinand nach dem Desaster der Revolution im Frühjahr 1848 zur

Einsicht gebracht, dass er in seiner desolaten körperlichen Verfassung zukünftig nicht in der Lage sein würde, all die Schwierigkeiten, die sich in nächster Zeit vor allem mit den Ungarn ergeben würden, zu meistern. Auch bei Kaiserin Maria Anna rannte man offene Türen ein, denn sie erlebte tagtäglich das Drama, das sich um Ferdinand abspielte.

Wahrscheinlich war Kaiser Ferdinand heilfroh, dass er die riesengroße Verantwortung, die auf seinen schwächlichen Schultern ruhte, endlich abgeben konnte. Aber noch stand der Bruder in der Thronfolge an nächster Stelle. Für die überzeugungskräftige, politisch denkende Sophie kein allzu großes Hindernis, denn sie wusste, sie konnte ihren am politischen Geschehen meist uninteressierten Mann leicht davon überreden, dass ein Jüngerer an seiner Stelle die Regierung übernehmen sollte: ihr gemeinsamer Sohn Franz!

Obwohl er beinah von Kindheitsbeinen an für das kaiserliche Amt von seiner Mutter erzogen worden war, schien die Endgültigkeit, die plötzlich auf den jungen Mann zukam, ihn zu bedrücken. Denn schon Wochen vor dem großen Tag der Krönung am 2. Dezember 1848 in Olmütz wirkte Franz beinah eingeschüchtert, schlief schlecht und magerte ab. Vielleicht fühlte er sich mit seinen 18 Jahren doch noch zu jung, um plötzlich so eine schwierige Aufgabe aufgebürdet zu bekommen, obzwar er schon damals wusste, dass seine Mutter zusammen mit Fürst Schwarzenberg stets an seiner Seite stehen würde.

Vielleicht war es im Winter 1848 wirklich die beste Lösung, das Heft im Staat an einen unverbrauchten, jungen Mann zu übertragen, wahrscheinlich erwarteten sich die Völker von einem halben Jüngling Dynamik, Aufbruchstimmung und weitreichende Reformen. Hätten sie aber über die konservative, beinah spießige Ausbildung des jungen Mannes Bescheid gewusst, hätten sie niemals freudig in die

Zukunft geschaut. Denn von klein auf war Franzi, wie er im Familienkreis genannt wurde, zur absoluten Pflichterfüllung erzogen worden, das starre Ausbildungsprogramm, das man für ihn zusammengestellt hatte, ließ keinen Freiraum für irgendwelche Kreativitäten, soldatisch-militärisch war sein Tagesablauf, Phantasie war nicht gefragt. Und so wie er es von Kindheit an gewöhnt war, so verhielt sich Franzi später als Kaiser Franz Joseph.

Nach den Revolutionswirren in Wien hatte man Olmütz, eine kleine traditionsreiche Stadt in Mähren ausgewählt, wo die Regierungsübergabe und die Krönung stattfinden sollten. Schon vor Jahrhunderten hatten dort Könige residiert, einer von ihnen war hier meuchlings ermordet worden. 1848 war Olmütz nach wie vor Sitz eines Erzbischofs, der sein großzügiges Barockpalais der kaiserlichen Familie freudig zur Verfügung stellte, da man die Absicht hatte, die Krönung des jungen Franz' in diesen Räumlichkeiten durchführen zu wollen.

Der 2. Dezember war zwar ein grauer Frühwintertag in Mähren, für Erzherzogin Sophie aber der größte Tag ihres Lebens. Wie ein junges Mädchen, in weißem Kleid mit rosa Blüten im Haar und einem prachtvollen Geschmeide aus Diamanten und Türkisen um den Hals, sah sie mit Tränen in den Augen zu, wie ihr schöner Sohn Franz Kaiser von Österreich wurde, nachdem sein Onkel Ferdinand mit brüchiger Stimme seinen Rücktritt erklärt hatte: »Wichtige Gründe haben in Uns den unwiderruflichen Entschluss reifen lassen, der Kaiserkrone zugunsten Unseres geliebten Neffen, des Durchlauchtigsten Herrn Erzherzog Franz zu entsagen, welchen Wir großjährig proklamiert haben, nachdem Unser geliebter Bruder Franz Karl erklärt hat, auf die Nachfolge endgültig zu verzichten.« Als der neue Kaiser vor dem alten die Knie beugte zum Zeichen der Verehrung, strich ihm Ferdinand ganz einfach übers Haar und meinte: »Gott segne dich. Sei brav.«

Ferdinand war zum Zeitpunkt seiner Abdankung 55 Jahre alt. Seltsamerweise nahm er in den nächsten Jahren Anteil an politischen Entscheidungen seines Neffen. Bekannt wurde sein Ausspruch, als er hörte, was unter Franz Joseph alles verloren gegangen war: »Ja aber, wenn sich's nur darum gehandelt hat, eine Provinz nach der anderen zu verlieren, seh ich nicht ein, warum ich abgedankt hab'. Das hätt ich genau so gut wie mein Neffe getroffen.«

Der fesche Neffe, von dem der sächsische Diplomat Graf Vitzthum schwärmerisch schrieb: »Ein Caesar von achtzehn Jahren! Ein kühner Wurf, ein Vabanque! Alles gewonnen, oder alles verloren! Ich glaube das erstere. Ich hoffe es!«, stürzte sich mit Feuer in seine neue Aufgabe. Als Kaiser nannte er sich Franz Joseph – wobei sein eigentlicher Vorname Franz für die Erhaltung der Tradition stehen und Joseph den Reformwillen ausdrücken sollte, wie seinerzeit den von Kaiser Joseph II. Der junge Kaiser hätte vieles bewirken können, hätte er nur die richtigen Ratgeber gehabt! Mit Elan hätte er die Welt aus den Angeln heben können, so wie er ein paar Wochen später zusammen mit seinen Brüdern eine Glasscheibe in der Residenz einschlug.

Weihnachten in der Kaiserfamilie

Beinah wie ganz gewöhnliche Leute feierten Erzherzogin Sophie und ihr Gemahl Franz Carl mit ihren Kindern das schönste Fest des Jahres, und wie alle Buben und Mädchen freuten sich die Knaben auf den Christbaum und die Geschenke.

Der junge Franzi, der spätere Kaiser Franz Joseph, schrieb am 21. Dezember voller Vorfreude auf das Christfest in sein Tagebuch: »Es werden schon viele Vorbereitungen auf den heiligen Abend gemacht. Ich will mir auch durch eine recht gute Aufführung die vielen Geschenke, die ich an diesem Tage erhalte, verdienen.« Weihnachten war für die Erzherzogskinder ein wahres Familienfest, denn nicht nur Kaiser Ferdinand I. und seine Gemahlin waren an diesem Abend zu Gast, auch die Großmama, Tante Amalie und erlauchte Damen und Herren des Hofstaates hatten die Ehre, an den Festlichkeiten teilzunehmen. Es war geheimnisvoll in den Räumlichkeiten Sophies, aber auch – wie sowohl Franz als auch sein Bruder Karl Ludwig berichten – in den Gemächern der Großmama, wo fleißige Hände Weihnachtsbäume geschmückt hatten, sodass der Tannenduft durch die Räume zog. Öffneten sich dann die Türen zu den Weihnachtszimmern, waren die Kinder vom Glanz der Kerzen, aber auch von den vielen Geschenken geradezu geblendet. Bilder mit martialischen Schlachtmotiven, Bolzenbüchsen, Scheiben, Reitgerten, Brieftaschen, sogar Schnupftücher lagen unter dem Christbaum und seltsamerweise auch eine Puppe für jeden Buben. Besonders die Kampfesszenen begeisterten den späteren Kaiser, der von Kindesbeinen an eine besondere Vorliebe fürs Militär entwickelt hatte und über die Darstellung der Schlacht von Lützen, die sein Zeichenlehrer für ihn angefertigt hatte, äußerte er sich beinah euphorisch: »Sie ist herrlich ausgefallen und stellt den Moment vor, wo Papenheim fällt.« Was der junge Franzi allerdings bei seinem kriegerischen Geschmack mit einer Puppe anfangen sollte, bleibt dahingestellt!

Aber manche Dinge unter dem Weihnachtsbaum waren wirklich für erlauchte Kinder etwas merkwürdig, denn es war anzunehmen, dass getrocknetes Obst und ein Baumkuchen nicht unbedingt ein himmlisches Geschenk sein mussten.

Der Weihnachtsabend begann jedes Jahr wie Karl Ludwig vermerkte damit, dass Erzherzogin Sophie zu Haus eine Weihnachtsgeschichte las, nachdem die Kinder vorher in einer Segensandacht sich auf das Christfest eingestimmt hatten. War dann die Bescherung vorüber, setzte man sich zu einem gemütlichen Diner zusammen, das allerdings schon um neun Uhr beendet war, da die Kinder auch am Heiligen Abend rechtzeitig zu Bett gebracht wurden, während die Mutter die »Metten« besuchte.

Viel später, als aus dem kleinen Franzi längst der honorige Kaiser Franz Joseph geworden war und seine schöne Gemahlin Elisabeth am Weihnachtsabend, ihrem Geburtstag, irgendwo in der weiten Welt umherreiste, dachte er sicherlich an diese gemütlichen Abende im Familienkreis zurück, die die Mutter zu arrangieren imstande gewesen war. Ein Leben lang hatte es Erzherzogin Sophie verstanden, eine gemütliche Familienatmosphäre zu schaffen, in der sich auch ihre Enkelkinder Gisela und Rudolf so richtig geborgen fühlten. Ganz im Gegensatz zu Sisi.

So lange die Erzherzogin lebte, verbrachte die Familie gemeinsam das Weihnachtsfest meist in aufgezwungener

Harmonie. Denn es war unschwer zu erkennen, wie gewaltig die unterschiedlichen Auffassungen von diesem schönsten Fest des Jahres innerhalb der Familienmitglieder war. Die jüngste Kaisertochter, für Sisi »die Einzige«, beschrieb in ihrem Tagebuch die Stimmung, die am Heiligen Abend innerhalb der Kaiserfamilie herrschte. Dabei dachte Marie Valerie bedauernd an die Zeit zurück, als die Gemahlin des Kronprinzen, Stephanie von Belgien, noch nicht in die Familie integriert gewesen war. Die Kronprinzessin trug in den Augen Marie Valeries die Schuld daran, dass es auch am Heiligen Abend zu Unstimmigkeiten kam. Sie vertraute folgendes ihrem Tagebuch an: »Christbaum, zu welchem Rudolf und Stephanie auch die Kleine mitbrachten … Oft denke ich mir, wie anderswo das heilige Christfest die Familien vereint in Liebe und Einverständnis – wie selig muss solch ein Kreis doch sein! Mir kommt die Zeit, da es auch bei uns noch so war, wie ein Traum vor – jetzt steht Stephanie zwischen uns und jeder wahren Weihnachtsfreude – auch Rudolf ist anders, so kalt und höhnisch geworden … Um? 6 Uhr Diner zu fünft und nachher gingen wir bald auseinander.«

Obwohl gemeinsame Familienfeste im Laufe der Zeit immer seltener wurden, hatte das Kaiserpaar beschlossen, dass am Weihnachtsabend 1888 die Verlobung seiner Tochter Maria Valerie mit Erzherzog Franz Salvator stattfinden sollte. Sisi war bei dem Gedanken, ihre Lieblingstochter zu verlieren, beinah das Herz gebrochen, aber sie konnte dem Glück Marie Valeries nicht im Wege stehen, nachdem der Kaiser seinen Sanctus zu dieser Verbindung gegeben hatte. Und da sich auch überraschenderweise Rudolf über den zukünftigen Schwager positiv geäußert hatte, stand einem harmonischen Weihnachtsfest in diesem Jahr nichts mehr im Wege. Nachdem die Kerzen am Baum angezündet waren, wurde Elisabeth plötzlich von mütterlichen Gefühlen übermannt, umarmte Rudolf indem sie sagte: »Ich hab Dich ja so lieb«, etwas, was der Kronprinz wahrscheinlich aus dem Munde seiner ihm gegenüber stets zurückhaltenden Mutter selten gehört hatte.

Der letzte Weihnachtsabend vor der Tragödie von Mayerling verlief in schönster Harmonie, während im Jahr darnach es weder eine Bescherung und auch keine Weihnachtsfeier gab, wie Franz Joseph seiner »Freundin« Katharina Schratt berichtete. Denn die Kaiserin zog es vor, während der Weihnachtszeit auf Reisen zu sein und verbrachte das Christfest bei dem eigenwilligen Verwandten der Kaiserfamilie Erzherzog Ludwig Salvator auf Mallorca. Elisabeth kümmerte sich wenig um ihren einsamen Gemahl, der ab und zu an den Weihnachtsfeiertagen bei seinen Töchtern weilte oder in Gedanken bei Katharina Schratt, die er großzügig beschenkte. Am 24. Dezember 1890 schrieb er an die »gnädige Frau«: »Theuerste Freundin, Gleichzeitig mit diesen Zeilen erlaube ich mir, Ihnen meine bescheidenen Gaben zum Christkindl mit der Bitte zu Füßen zu legen, daß Sie dieselben mit gewohnter Güte und Nachsicht entgegen nehmen wollen. Die Diamanten sollen sich an die früheren anreihen und wenn ich noch einige Jahre lebe, so wird vielleicht doch endlich ein Collier zustande kommen … Ich hoffe, daß Sie Sich Heute nicht zu sehr abhetzen werden und daß der Weihnachtsabend für Sie heiter und befriedigend sein wird. Ich werde an Sie und an Ihre Bescherung denken …«

Katharina Schratt war eine warmherzige Frau, in deren Nähe sich der Kaiser rundum wohl fühlte. Sie wusste auch, wie sie Franz Joseph eine Freude machen konnte, denn der einsame Mann bedankte sich für ihr Weihnachtsgeschenk, für die »vortrefflichen und gewiß auch gesunden Cigarren« beinahe überschwänglich.

Obwohl Kaiser Franz Joseph seine Gemahlin auf eine ungewöhnliche Art liebte, hatte er sich an die Abwesenheit Elisabeths im Laufe der Jahre gewöhnt. So ist es zu verstehen, dass er ein Jahr nach dem Tod der Kaiserin nicht in Erinnerungen an Sisi am Weihnachtsabend schwelgte, sondern an Katharina Schratt dachte, während er das Fest bei seiner Tochter Marie Valerie feierte. Er schrieb der »gnädigen Frau« folgende Zeilen: »Da ich Ihnen Heute leider nicht in gewohnter Art meine Weihnachtsgeschenke selbst übergeben darf, so muß ich mich schriftlich mit der Bitte an Sie wenden, dieselben freundlich annehmen zu wollen ... Ich werde in Wallsee wenig heitere Tage zubringen, da meine Gedanken mit Wehmuth bei Ihnen sein werden. Wenn Sie ein wenig gnädig sein wollen, so haben Sie vielleicht die Güte, mir in die Burg telephonieren zu lassen, wie es Ihnen geht, denn ich ängstige mich und sehne mich nach Nachricht. In unwandelbarer treuer Anhänglichkeit Ihr, Sie innigst liebender Franz Joseph.«

Bis zu seinem Tode im Jahre 1916 stellte sich der Kaiser als echter Kavalier jedes Jahr zu Weihnachten bei Katharina Schratt mit exquisiten Schmuckstücken ein, wobei die Juwelen im Kerzenschein des Christbaumes umso prachtvoller glänzten. Er bereitete der Dame seines Herzens eine echte Weihnachtsfreude und sich selber glückliche Stunden!

Das Wandern war schon Sisis Lust ...

*... wobei die Kaiserin von Österreich nicht gemäch-
lich dahinschlenderte, sondern gewaltige Strecken beinah im Laufschritt zurücklegte, zum Leidwesen der
Damen ihrer Begleitung, die größte Mühe hatten, mit-
zuhalten.*

Auch die geheimen Leibwächter, die zu ihrem Schutz eingesetzt waren und dezent in einiger Entfernung folgen sollten, waren mit dem Tempo Elisabeths weit überfordert und
verloren die Kaiserin nicht nur einmal aus den Augen. Vor
allem aber für die Hofdamen, die ein paar Kilo mehr auf die
Waage brachten als die überschlanke Kaiserin, war es jedesmal ein wahrer Alptraum, wenn Sisi ihre Absicht kundtat,
über die Hügel des Wiener Waldes von Penzing nach Baden
zu laufen oder von München an den Starnberger See, eine
wahre Mammutstrecke, die heute so mancher Marathonläu-
fer als Trainingsparcour wählen könnte. Dabei war die österreichische Kaiserin mit ihrem Bewegungsdrang in der
damaligen Zeit etwas absolut Außergewöhnliches, denn die
Damen der Gesellschaft pflegten viel lieber den beschauli-
chen Lebenswandel, wenngleich die gemeinsame Freundin
des Kaiserpaares Katharina Schratt auch dann und wann
ihre Lodenkleidung einpacken ließ und sich aufmachte, um
die Gipfel der Alpen zu besteigen. Dabei zählte eine Tour
auf den über 3 000 Meter hohen Sonnblick bei den damaligen Verhältnissen, wo es im Hochgebirge kaum Wege und
Stege und schon gar keine Berghütten gab, nicht gerade zu
den einfachen Bergabenteuern. Dass die etwas rundliche

Katharina bei ihren Gipfeltouren nicht auf das Korsett verzichten wollte, wenngleich es ihr beim Klettern so manches
Mal den Atem nahm, war noch halbwegs verständlich, dass
sich aber die Kaiserin mit ihren höchstens 50 Kilo in dieses
Marterwäschestück einschnüren ließ, war auch für Kaiser
Franz Joseph unverständlich. Aber seine »Engels-Sisi« hatte
nur allzu fixe Vorstellungen, von denen sie nicht abzubrin-
gen war, denn der Kaiser konnte auch kaum verstehen, dass
seine Gemahlin in den schweren Bergstiefeln, die sie bei
ihren Hochgebirgstouren trug, keine Socken anzog. Elisabeths Füße waren durch die ununterbrochene Bewegung
anscheinend so abgehärtet, dass sie auch bei extremsten
Belastungen wie bei der Überquerung des Höllengebirges,
die alle anderen Teilnehmer an den Rand der körperlichen
Erschöpfung brachten, keine Blasen an den Füßen bekam.
Leichten, federnden Schrittes eilte die Kaiserin die steilen
Pfade hinan, während ihre Hofdame Sarolta Mailáth schon
längst dem völligen Zusammenbruch nahe war, und selbst
der abgehärtete Bergführer Kriag Stefl trotz seiner weit und
breit bekannten Ausdauer und Geduld das Ende der Tour
sehnlichst herbei wünschte. Denn bei dieser »Bluttour« gab
es auch keine Pause für eine kurze Rast, sodass die erschöpf-
ten Bergsteiger eine kurze Labung hätten zu sich nehmen
können, Sisi schien weder Hunger noch Müdigkeit zu kennen, wie eine Gämse kletterte sie über Stock und Stein und
war von der herrlichen Aussicht, die sich ihr allenthalben
bot, hingerissen, während ihre Gefolgschaft sich nur noch
mühevoll dahinschleppte.

Aber an Bergtouren und weite Märsche war Elisabeth von
Jugend auf gewöhnt, ihr Vater Herzog Maximilian in Bayern hatte seine Söhne und Töchter von klein auf zu bewe-
gungsfreudigen Menschen erzogen, seine Kinder sollten
keine Stubenhocker sein, er sorgte dafür, dass sie ausrei-

chend Gelegenheit bekamen, um sich ungezwungen in Gottes schöner Natur auszutoben. Auf zwei Dinge allerdings legte der Herzog allergrößten Wert: Jeder seiner Sprösslinge sollte hoch zu Roß eine gute Figur abgeben und sich zudem noch durch einen leichten, fast schwebenden Gang auszeichnen. Da Herzog Max selber als exzellenter Reiter bekannt war, überwachte er streng das Reittraining seiner Kinder und gab ihnen so manchen guten Tipp. Er achtete darauf, dass seine Töchter zu Pferde nicht nur den Damensitz, wie das damals üblich war, beherrschten, sondern auch den Herrensitz, was natürlich im prüden 19. Jahrhundert als absolut »shocking« galt. Mit gespreizten Beinen ritt nun einmal keine echte Dame!

Um den Gang der Kinder zu vervollkommnen, engagierte der Herzog einen eigenen »Geh-Instruktor«, der vor allem die Töchter lehren sollte, wie man elegant und grazil schritt und dennoch schnell vom Fleck kam. Herzog Max suchte durch diese Gehschule zu verhindern, dass Sisi und ihre Schwestern plump durchs Leben »schlurften« oder übertrieben stolzierten wie die Damen am französischen Königshof. Diese Vorstellung war für den ein Leben lang unkonventionellen Bayernherzog ein wahrer Gräuel!

Von Kindesbeinen an regelmäßige Bewegung gewöhnt, steigerte sich die Kaiserin schon nach den ersten Ehejahren in eine Art Bewegungsrausch hinein, denn es genügte ihr nicht, täglich mit ihren Pferden stundenlang zu trainieren, nachdem sie schon in aller Herrgottsfrüh ihre Gymnastikübungen absolviert hatte, sie suchte Bewegung immer und überall. Dabei konnte es vorkommen, dass sie sich mit Tricks behelfen musste, da es für sie schwierig war, unerkannt ihren sportlichen Aktivitäten nachzugehen. Zu sehr eilte ihr der geheimnisvolle Ruf ihrer umwerfenden Schönheit voraus. Als sie einige Wochen zusammen mit ihrer Tochter Marie

Valerie auf der englischen Insel Isle of Wight verbrachte und dort nicht nur reiten, sondern auch baden wollte, wurde sie bis an den Strand verfolgt, da die Schaulustigen annahmen, dass sie die schöne Kaiserin von Österreich wenigstens von ferne hier als Badenixe würden bewundern können. Aber Sisi war es nicht wirklich, die vor den Augen aller ins Wasser stieg, sie hatte ihre Friseurin Fanny Feifalik gebeten, ihre Stelle einzunehmen. Sie selber schwamm in einer anderen Bucht der Coloured Cliffs unerkannt weit ins Meer hinaus.

Auch als die Kaiserin älter und von allen möglichen Leiden geplagt wurde, schränkte sie ihr tägliches Bewegungspensum nicht ein. Auf ihren ausgedehnten Reisen verzichtete sie keineswegs auf weite Ausflüge oder stundenlange Märsche durch die Straßen der Städte, und da sie stets größten Wert darauf legte, dass ihre Reiseziele offiziell nicht bekannt gegeben wurden, konnte sie dieser Leidenschaft in Begleitung ihrer Hofdamen auch tatsächlich frönen. Sie wählte die Ziele, die sie erreichen wollte, ganz nach Lust und Laune aus und schreckte auch nicht davor zurück, fremde Gärten zu betreten oder in umzäunte Parks einzudringen, ohne den jeweiligen Besitzer um Erlaubnis zu fragen. Aber nicht alle betrachteten es als Ehre, wenn die Kaiserin von Österreich sie ungebeten aufsuchte. Als Elisabeth ihrem Gemahl brieflich von einem Abenteuer berichtete, das für sie beinah schlecht ausgegangen wäre, warnte sie Franz Joseph eindringlich mit dem Hinweis, dass sie noch irgendwo Prügel beziehen würde, machte sie so weiter.

Die Kaiserin war selten in Wien anwesend, da ihr die Stadt aus den ersten Jahren ihrer Ehe in schlechter Erinnerung war. Wenn es für sie aber nicht zu vermeiden war, ein paar Tage in der Hauptstadt zu verweilen, dann konnte so mancher erstaunte Spaziergänger Elisabeth beinah wie eine

Joggerin von heute bei Wind und Wetter durch die Prater-
hauptallee laufen sehen, meist mit einem kurzen Regen-
mantel und schweren Stiefeln bekleidet, denn selbst Schnee
und Kälte zwangen Sisi nicht, in den warmen Räumen zu
bleiben, wo es für sie auch kein Ausruhen gab. Stundenlang
schritt sie in ihren Gemächern auf und ab, was nicht nur die
Besucher, die zur Audienz gekommen waren und denen es
natürlich auch nicht erlaubt war, in den Fauteuils Platz zu
nehmen, irritierte, sondern was selbst ihre geduldige Tochter Marie Valerie ungewöhnlich nervös machte.

Dass der Kaiser, der Ruhe und Gemütlichkeit geschätzt
hätte, keineswegs den Bewegungshunger seiner Gemahlin
gut hieß, zeigte er in seiner vornehmen Art selten. Manchmal schrieb er aber doch besorgte Briefe, in denen er seine
Sisi bat, sich etwas mehr Ruhe zu gönnen. Der Kaiser konnte
freilich damals nicht wissen, dass Forscher in späteren Zeiten entdecken würden, dass durch die regelmäßige ausdau-
ernde Bewegung im Körper ein Glückshormon ausgeschüt-
tet wird, das süchtig macht.

Und auf der Suche nach dem Glück war Sisi ein Leben
lang.

Meine liebe Freundin …

… so beginnen die meisten Briefe, die Kaiser Franz Joseph an seine langjährige Vertraute und Begleiterin in mancher düsteren Zeit geschrieben hat, Briefe, die sein Inneres offenbaren und die bis heute zu absoluten Raritäten zählen.

Viel Geheimnisvolles rankt sich um die Person der Schauspielerin Katharina Schratt, die nicht nur ihr Publikum zu bezaubern wusste, sondern auch den österreichischen Kaiser in ihren Bann schlug. Dabei hatte es zunächst den Anschein gehabt, als mache der russische Zar der üppigen lebensfrohen, jungen Frau Avancen, was Kaiser Franz Joseph etwas pikiert registrierte. Kaiserin Elisabeth aber amüsierte sich über die Aufmerksamkeit, die ihr Gemahl Katharina widmete und kam wahrscheinlich damals in Kremsier 1885 schon zu dem Entschluss, die junge Frau malen zu lassen, um ihr Portrait Franz Joseph zum Geburtstag zu schenken. Fürwahr ein seltsames Präsent von einer Ehefrau! Aber die Kaiserin wusste, was sie tat, denn sie beruhigte durch die Freundschaft, die sie zwischen der »gnädigen Frau« und dem Kaiser vermittelte, ihr schlechtes Gewissen ihrem einsamen Gemahl gegenüber, der oft monatelang allein in der Hofburg, in Schönbrunn oder in Ischl weilte. Mit Katharina Schratt, die in der damaligen Zeit als Urbild der Wienerin galt, hatte der Kaiser zumindest eine amüsante Gesprächspartnerin gefunden, wenn nicht mehr! In ihrer lustigen Art unterhielt sie Franz Joseph mit den neuesten Wiener Tratsch- und Klatschgeschichten, die der an und für sich spröde Kaiser mit Begeisterung hörte. In ihrer Gegenwart vergaß Franz Joseph beinah, dass seine Gemahlin monatelang auf Reisen war, und auch Sisi schien beruhigt, sie konnte ganz ihren Neigungen und Wünschen frönen, denn ihr Gemahl hatte ja die Schratt! Nur ab und zu verspürte Elisabeth einen kleinen Stich von Eifersucht, dann griff sie zur Feder und schrieb ein bissiges Gedicht über die üppigen Formen der »armen, dicken Schratt«. Aber diese Bosheiten hielten sich in Grenzen, denn Elisabeth fühlte sich ebenfalls in Gesellschaft der »Freundin« wohl, die es zu schätzen wusste, dass die Kaiserin persönlich ihre schützende Hand über sie hielt. So ergingen an die Schratt immer wieder schriftliche Einladungen in die Kaiservilla nach Ischl, wenn auch die Kaiserin anwesend war, mit dem Hinweis, dass sich Elisabeth über den Besuch besonders freuen würde. In einem Brief vom 1. Juli 1888 beschwerte sich der Kaiser zwar kurz darüber, dass Katharina eine Zeitungsente für bare Münze genommen hatte, wonach er angeblich einen vierwöchigen Aufenthalt in Gastein geplant hatte. Dabei wies der Kaiser die »gnädige Frau« in dem siebeneinhalb Seiten langen Brief darauf hin, dass sie sicherlich die erste gewesen wäre, der er von diesem Vorhaben berichtet hätte. Außerdem bat er in diesem Schreiben Katharina Schratt, sie möge sich ein Gedicht einfallen lassen, denn sie würde sicherlich von der Kaiserin gebeten werden, sich in deren Stammbuch zu verewigen.

So wie es seine Art war, schrieb der Kaiser täglich Briefe, meist an seine ferne Gemahlin, aber auch an die »liebe Freundin«, die ihm schon nach kurzer Zeit so unentbehrlich geworden war, dass er zwischen den Zeilen immer wieder betonte, wie sehr er Katharina vermisste. Zeigte Franz Joseph, der durch seine stereotypen Floskeln berühmt geworden war, auch nach außen hin kaum Emotionen, so legte er in den Schreiben, die er meist in den frühen Morgenstunden verfasste, sein Inneres dar. Akribisch, wie er in allen Dingen seines Lebens war, berichtete er der fernen Freundin beinah täglich über das Wetter, über die Audienzen, die er geben musste, über körperliche Beschwerden oder über die abenteuerlichen Reisen seiner Gemahlin, die er nicht goutierte. In späterer Zeit, vor allem nach dem Tod der Kaiserin, schrieb er mehr über seine beiden Töchter Gisela und Marie Valerie und dann vor allem über die Enkelkinder. Für Katharina war er daher nicht der unnahbare Kaiser, obwohl sie ihn in ihren Briefen immer mit »Eure Majestät«, EM., anspricht, für sie war er ein einfacher Mensch, ein Mann, der das kleine Glück bei ihr suchte, der sie schätzte und liebte.

Es wären nicht die Schreiben Franz Josephs gewesen, hätte er nicht ausgiebig und oft seine Jagderlebnisse geschildert, obwohl er annehmen konnte, dass Katharina als Schauspielerin keineswegs ein besonderes Interesse am »edlen Waidwerk« entwickelte und den Brief, den sie im Dezember 1889 über die Jagderfolge Franz Josephs im ungarischen St. Kiraly erhielt, wahrscheinlich eher gelangweilt zur Seite legte.

Katharina Schratt hatte in ihrer Herzlichkeit und Natürlichkeit wenig gemeinsam mit der Kaiserin von Österreich. Auch äußerlich unterschieden sich die beiden Damen in jeder Hinsicht. Hatte Sisi im Laufe der Zeit eine an Hysterie grenzende Hinwendung zu ihrem Körper entwickelt und war tagaus, tagein darauf bestrebt, ihre Schönheit zu bewahren, ungeachtet dessen, dass sie die Methoden, ihre Schlankheit zu erhalten, übertrieb, so schien Katharina Schratt geradezu das Gegenteil zu sein. Sie war eine fröhliche Person, die vor allem heitere Rollen am Theater spielte und trotz ihrer schlechten Ehe mit dem Ungarn Nikolaus Kiss nicht den Humor verlor. Sie war und blieb eine bodenständige Person mit klarem Menschenverstand, der die Rolle der Freundin des Kaisers nicht in den Kopf gestiegen war und der Franz Joseph zu jeder Stunde sein Herz ausschütten konnte.

Gelegenheiten dazu gab es für den Kaiser so manche, vor allem nach dem tragischen Tod seines Sohnes Rudolf, wobei sein Schmerz über den Verlust des Sohnes nicht sofort in den unmittelbaren Briefen, die er an die »Freundin« schrieb, zum Ausdruck kam. Denn am 5. Februar 1889 verfasste er folgenden Brief: »Theuerste Freundin, Heute nur wenige Zeilen, denn Sie dürfen und sollen nicht lesen, um Ihnen zu sagen, daß ich in meinem unsagbarem Schmerze, viel und mit den Gefühlen innigsten Dankes an Sie denke. Ihre treue Freundschaft und Ihre wohltuende, ruhige Theilnahme waren uns ein großer Trost in diesen letzten, entsetzlichen Tagen. Die Einladung zum Besuche für Gestern war von der Kaiserin ausgegangen, die Sie so gerne sieht; ich hätte mich kaum getraut, Sie wieder zu belästigen, aber unendlich dankbar war ich ihr für ihre Absicht ...«

Der Antwortbrief Katharinas war von wahrem Mitgefühl geprägt, wie hätte es auch anders sein können, bei der intensiven, gefühlsmäßigen Beziehung, die sie mit dem Kaiser verband. Sie brachte folgende Zeilen zu Papier: »Ich hab mich gestern NM. abgesperrt, um ungestört zu bleiben und mit meinen Gedanken geleitete ich EM. Auf dem schweren Gange zur Kirche. Ich hörte das Glockengeläute von Allen Richtungen und mein Gebet vereinigte sich mit den Gebeten All der Tausende, die gestern den armen Kronprinzen das Geleite gegeben ... Aber das herbste Leid verliert von seiner Bitterkeit wenn wir weinen können und so will ich mit EM. weinen über die schwere Schicksalsfügung.«

Die nächsten Wochen und Monate waren für das Kaiserpaar, aber auch für Katharina von dem schrecklichen Verlust geprägt. Drei Wochen nach Rudolfs Tod, am 20. Februar 1889 sandte der Kaiser der »Freundin« aus Ofen, wo er und Elisabeth sich aufhielten, einen siebeneinhalb Seiten langen, mit einem schwarzen Trauerrand versehenen Brief, in dem er ihr mitteilte, dass ihr beider Leben allmählich in ruhigere Bahnen gelangte:»Ich bin täglich mit der Kaiserin über eine Stunde im Garten spazieren gegangen, während sie viel länger an der Luft bleibt. Sie ist, Gott lob, wohl, aber mit der traurigen Stimmung will es nicht besser werden. Das kann wohl auch nicht anders sein. Es geht mir auch eben so und die gegenwärtigen hiesigen Zustände sind nicht zur Aufheiterung geeignet. Valeries Bräutigam war richtig von Samstag Nachmittag bis Sonntag Abend hier und brachte etwas Abwechslung in unser einförmiges Leben. Montags gab ich wieder zum ersten Male Audienzen, deren Zahl ziemlich groß war. Gestern speisten die Erzherzoge Albrecht und Wilhelm mit uns, welche ich nebst einigen anderen Generalen zu Sitzungen hierher berufen habe, die ich alljährlich um diese Zeit in militärischen Personal Angelegenheiten abhalte. Heute werde ich sogar an einem etwas zahlreicheren Herrn Diner Theil nehmen. So kommt man nach und nach wieder in die früher gewohnte Lebensweise.«

Um nicht allzu sehr mit seinen persönlichen Gefühlen zu strapazieren, fügte er noch folgende Zeilen hinzu:»In der Zeitung las ich, daß das neue Stück»Die wilde Jagd« wegen Ihnen bis zur nächsten Saison aufgeschoben wurde. Wenn es wahr ist, so zeigte das von einer Rücksicht, die mich freut. In der Rezension des»Bruder Hanns« wird die Diana gar nicht genannt. Auch das freute mich, wenn es vielleicht auch nicht christlich von mir ist. Sie sehen, daß ich mich wieder mit dem Burgtheater beschäftige, auch ein Fortschritt zum gewohnten Leben. Warum ich es thue, wissen Sie ja am besten ...«

Wahrscheinlich war es auch den Chronisten der Zeit unmöglich, an die wahre Person des Kaisers heranzukommen, zu schablonenhaft und distanziert verhielt sich Franz Joseph. Nur ganz wenigen Menschen in seinem engsten Umkreis enthüllte der Kaiser sein wahres Ich, so wie es in den Hunderten Briefen zum Ausdruck kommt.

»Sopherl, stirb nicht, denk an die Kinder!«

Nach diesen Worten sank der österreichische Thronfolger Franz Ferdinand in die Kissen des Wagens, in dem er und seine Gemahlin von den Kugeln des Attentäters Gavrilo Princip tödlich getroffen worden waren.

Die böhmische Gräfin war fast der gesamten Kaiserfamilie ein Dorn im Auge gewesen, hatte doch Erzherzog Franz Ferdinand gegen die Konventionen in empörender Weise verstoßen und einer für Kaiser Franz Joseph nicht standesgemäßen Dame die Hand fürs Leben gereicht. Bei der Ablehnung der »Gemahlin des künftigen Kaisers« wie sie genannt wurde, wobei man bewusst vermied sie als »künftige Kaisergemahlin« zu bezeichnen, bedachte allerdings niemand, dass die Chotek von Chotkowa ein uraltes Adelsgeschlecht waren, das sich schon zu Zeiten Kaiser Maximilians I. große Verdienste erworben hatte. Kaiser Franz Joseph, dem sicherlich diese Tatsache vor Augen geführt wurde, konnte sich aber dennoch nicht entschließen, die Familie Sophies in die Reihe der ebenbürtigen Geschlechter aufzunehmen. Der Kaiser entschied letztlich allein, wer wen zu heiraten hatte, und an diese Regeln hatte sich jeder zu halten, besonders natürlich der Thronfolger!

Aber Franz Ferdinand hatte schon immer einen eigenen Kopf gehabt, er hatte sich gegen eine Ehe mit der Witwe des Kronprinzen Rudolf ausgesprochen, obwohl er ein Leben lang mit Stephanie befreundet blieb. Zur Ehe wollte er sich von niemandem zwingen lassen, auch nicht vom Kaiser. Dabei galt Franz Ferdinand nicht nur durch seinen Status als Thronfolger als hervorragende Partie, hatte er doch vom Herzog von Modena-Este dessen reiche Besitzungen in Italien geerbt, freilich mit der Verpflichtung, Italienisch lernen zu müssen, etwas, was dem wenig sprachbegabten Habsburger keineswegs leicht fiel. Er entwickelte durch den Zwang, der auf ihn ausgeübt wurde, im Laufe der Zeit so eine Abneigung gegen alles, was mit Italien zu tun hatte, dass er nicht ein einziges Mal die prachtvollen Schlösser mit ihren kunstvollen Einrichtungen besuchte. Er ließ lediglich die Möbel und Gemälde auf seine Besitzungen transportieren, wo sie natürlich in dem fremden Ambiente nicht in voller Schönheit zur Geltung kommen konnten.

Erzherzog Franz Ferdinand war – vielleicht auch durch seine Lungenkrankheit gezeichnet – alles andere als ein Frauenheld, im Gegensatz zu seinem leichtlebigen Bruder Otto, der nicht nur in der Kaiserstadt keinen unbedingt guten Ruf besaß. So war es fast verwunderlich, dass sich der Thronfolger auf einem Ball in Prag im Jahre 1896 Hals über Kopf in die schon etwas in die Jahre gekommene Gräfin Sophie Chotek verliebte. Franz Ferdinand ahnte, was auf ihn in der nächsten Zeit zukommen würde. Daher war es unumgänglich notwendig, dass er und Sophie allergrößte Vorsicht walten ließen, denn überall, wohin der Thronfolger kam, wurde er mit Argusaugen beobachtet. Die Tochter des böhmischen Diplomaten Bohuslaw Graf Chotek von Chotkow und Wognin war als Gemahlin des zukünftigen Kaisers für den Hof einfach indiskutabel. Der Graf, der in Dresden mit seiner Familie lebte, verfügte über keine großen Besitzungen und bezog eine eher spärliche Pension, von der er mehr schlecht als recht seine sieben Töchter und den einzigen Sohn erhalten konnte. Obwohl es in der damaligen Zeit als wenig schicklich galt, sich als Frau den Lebensunterhalt selber zu verdienen, bewarb sich Sophie, wahrscheinlich auf Anraten Franz Ferdinands, um eine Stelle als Hofdame bei der Erzherzogin Isabella von Croÿ-Dülmen. Auf diese Weise konnte sie ihren Vater, bei dem sie auch im Jahre 1898 noch gewohnt hatte, entlasten und war andererseits ihrem geliebten Franz Ferdinand näher. Eine Stelle in Wien kam für Sophie nicht in Frage, denn allmählich begannen in der Kaiserstadt Gerüchte über eine angebliche Liaison des Thronfolgers zu kursieren. Wenn auch Kaiser Franz Joseph bei den diversen lockeren Amüsements der Erzherzoge ein Auge zudrückte, so wussten Sophie und Franz Ferdinand, dass sie, da sie es ernst meinten, seine volle Strenge zu spüren bekommen würden.

Die Gemahlin von Erzherzog Friedrich, der in Preßburg ein Armeekorps befehligte, war bekannt für ihre Launen und ihr wenig liebenswürdiges Verhalten, sodass Sophie viele Dinge auf sich nehmen musste, um halbwegs Gnade bei ihrer gestrengen Herrin zu finden. So oft er konnte, sagte sich Franz Ferdinand zu Besuch an und jedesmal war Erzherzogin Isabella beglückt, ihn zu sehen. Denn immerhin hatte sie sechs unverheiratete Töchter, und da es schien, dass der Thronfolger der ältesten Tochter den Hof machte, sah sie sich schon als Schwiegermutter des zukünftigen Kaisers. Sie konnte freilich nicht ahnen, dass eine ganz andere, für sie unwürdige Person, das Herz des Thronfolgers schon längst erobert hatte. Obwohl es schwierig genug war, die gegenseitigen Gefühle nicht zu zeigen, dauerte es Monate, bis durch einen Zufall die wahre Situation ans Licht kam. Angeblich hatte der Thronfolger nach einem hitzigen Tennismatch seine Taschenuhr am Platz liegen lassen, die von Erzherzogin Isabella gefunden wurde. Neugierig soll sie den Deckel aufgeklappt haben, um das Bild im Inneren zu sehen.

Und so wie es damals üblich war, erblickte sie auch ein Photo, aber nicht das ihrer Tochter, sondern Sophie Choteks. Der Skandal war perfekt!

Es waren viele alte Freunde und Berater des Thronfolgers, vom Beichtvater angefangen bis zu ehemaligen Lehrern, die im Auftrag des Kaisers versuchten, Franz Ferdinand von der Aussichtslosigkeit seiner Liebe zu überzeugen. Aber jeder redete völlig umsonst, auch als der Kaiser die Drohung in den Raum stellte, dass Franz Ferdinand lediglich eine morganatische Ehe schließen könnte und der österreichische Thronfolger daher auf das Erbrecht nicht nur für seine Gemahlin, auch für eventuelle Kinder verzichten müsste, wich Franz Ferdinand nicht von seinen Vorstellungen ab. Er liebte nur seine »Soph« und fühlte sich in ihrer Nähe wohl, obwohl böse Zungen behaupteten, dass sie eine zu einfache Frau war, die beinahe hausbacken wirkte – so wie sie stellte man sich beileibe nicht die Frau des zukünftigen Kaisers vor! Aber Franz Ferdinand liebte diese eigentümliche Herbheit, die Zurückhaltung und die Wärme, die sie ihm gegenüber ausstrahlte. Um keinen Preis der Welt wollte er auf diese Frau verzichten und unterzeichnete daher die Renuntiationsurkunde am 28. Juni 1900. Den endgültigen Weg zur Heirat ebnete ihm aber erst seine über alles geliebte Stiefmutter Maria Therese.

Schon bei der Hochzeit, die wohlweislich nicht in Wien stattfand, zeigte sich der tiefe Konflikt zwischen den Brüdern, denn weder Otto noch Ferdinand waren in Reichstadt erschienen, lediglich die Töchter seiner Stiefmutter und sie selber gaben dem jungen Paar die Ehre. Da Sophie keinerlei repräsentative Rechte als Gräfin hatte, ernannte sie der Kaiser anlässlich der Eheschließung zur Fürstin von Hohenberg, ein Titel ohne jegliche Bewandtnis, denn schon bald stellte sich heraus, dass die Gemahlin des Thronfolgers hin-

ter der jüngsten standesgemäßen Dame ihren Platz hatte.
Franz Ferdinand reagierte auf diese Hintanstellung seiner
Gemahlin, wie es jeder Mann getan hätte, dessen geliebte
Frau ständig brüskiert wurde. Er vermied es, wo er nur
konnte, an offiziellen Anlässen teilzunehmen, sodass sich der
Kaiser schließlich doch herbei ließ, ihr 1909 den Titel einer
Herzogin zu verleihen. Jetzt war es dem Thronfolger gestattet, seine Gemahlin auf Auslandsreisen offiziell mitzuneh-
men, wie auf seinen Besuch bei dem rumänischen Königspaar, wo Sophie herzlich von König Carol und dessen
Gemahlin empfangen wurde. Auch Kaiser Wilhelm II. war
dem Ehepaar Habsburg-Hohenberg in Freundschaft verbunden, teilte er doch mit Franz Ferdinand seine Leidenschaft für die Jagd und verschiedene Aversionen den anderen Staatsoberhäuptern gegenüber.

Nachdem endlich der Bann gebrochen schien und der
Thronfolger seine Gemahlin auf seinen Reisen offiziell mitnehmen konnte, begleitete ihn Sophie auch nach Bosnien.
Es war eine Fahrt in den Tod. Obwohl der Thronfolger
gewarnt worden war, fuhr er im offenen Wagen durch Sarajewo, wo der Todesschütze und seine Kumpanen schon auf
ihn lauerten. Das österreichische Thronfolgerpaar hatte
keine Chance. Die Tragödie der Habsburgermonarchie und
ganz Europas nahm ihren unaufhaltsamen Lauf.

Ein König für die Ukraine?

Wahrscheinlich waren es nicht nur Luftschlösser, die der habsburgische Erzherzog Wilhelm sich erbaute, sein Vater hatte ihm schon als Kind von den riesigen Besitzungen, die der Familie in Galizien gehörten, erzählt.

Es war für einen habsburgischen Erzherzog aus der toskanischen Linie nicht leicht, im beginnenden 20. Jahrhundert eine sinnvolle Aufgabe zu finden. Zu viele Einflüsse und Strömungen hatten sich in den letzten Jahren der Monarchie Bahn gebrochen, sodass sich schon der Vater Wilhelms Karl Stephan, ein Urenkel Kaiser Leopolds II., immer mehr mit dem Gedanken beschäftigte, irgendwo weitab von Wien in den ererbten Ländereien in Galizien und um Zywiec, wo er auch eine Brauerei besaß, etwas Positives bewirken zu können. Dabei hatte er die Idee, zunächst verwandtschaftliche Beziehungen zu Polen aufzubauen, indem er seine Töchter mit polnischen Prinzen und die Söhne mit polnischen Prinzessinnen vermählte. So abgesichert würde es möglich sein, das durch die diversen nationalen Strömungen zerfallende Habsburgerreich wenigsten in dieser Region zu erhalten. Karl Stephan selbst sah für sich den Erwerb der polnischen Königskrone in der Folge beinahe als Selbstverständlichkeit an, denn der alte Kaiser in Wien hätte eigentlich froh sein müssen, im Osten des Reiches keine allzu großen Turbulenzen fürchten zu müssen.

Was Karl Stephan, der mit seiner Familie auf der Adriainsel Losinj gelebt hatte, nicht bedachte, war die internationale Krisensituation, die durch die Kriegslüsternheit der europäischen Mächte hervorgerufen worden war. Für eine Erneuerung des Habsburgerreiches an Kopf und Gliedern war es längst zu spät. Daher konnten die Pläne von Erzherzog Karl Stephan nur im Sande verlaufen, obwohl ihm mehrmals von Kaiser Franz Joseph und dessen Nachfolger Kaiser Karl die polnische Königskrone angeboten worden war. So verlockend das auch für ihn war, Karl Stephan konnte sich nicht entscheiden, er erkannte wahrscheinlich, dass ein Königreich Polen in dieser Zeit keine Zukunft haben konnte.

Sein jüngster Sohn Wilhelm allerdings, der 1895 in Pola das Licht der Welt erblickt hatte, sah die Situation mit wesentlich anderen Augen, mit dem Optimismus der Jugend. Obwohl Wilhelm niemals vorschwebte, auf dem polnischen Thron zu sitzen, so konnte er sich doch vorstellen, König der Ukraine zu werden, der seine ganze Liebe galt. Schon sehr früh lernte er die ukrainische Sprache, um intensiven Zugang nicht nur zum ukrainischen Volk, sondern auch zu Kunst und Kultur des Landes zu bekommen. Immer mehr reifte in ihm der Gedanke, das jahrhundertelang unterdrückte Volk in die Freiheit führen zu wollen. Deshalb übernahm er voll Elan 1915 das Kommando in Galizien als Leutnant, wo ihm die Aufgabe übertragen wurde, einen Infanteriezug zu »ukrainisieren«. Und da er alle Befehle in ukrainischer Sprache geben konnte, flogen ihm vor allem die Herzen der Bauern zu, die erkannt hatten, dass hier einer am Werk war, der ihre Interessen vertrat, sodass es ihm ohne große Mühe gelang, sogar ein kleines Gebiet mit seiner Truppe zu besetzen, um dort dies umzusetzen, was ihm vorschwebte: Er wollte den ukrainischen Bauern, die immer noch als Pächter oder Knechte auf dem Land der Großgrundbesitzer schufteten, ein eigenes Stück Land zukommen lassen.

Die ukrainischen Bauern waren natürlich von ihrem Wohltäter begeistert, man setzte alle Hoffnungen auf den »roten Prinzen«, wie Erzherzog Wilhelm genannt wurde. Er selber hörte es am liebsten, wenn er von »seinen« Ukrainern mit »Vasily Vyshyvaniy« angesprochen wurde, denn man gab ihm diesen Beinamen »Wilhelm der Bestickte«, da er mit besondere Vorliebe reich bestickte volkstümliche Hemden trug. Wahrscheinlich sah sich Wilhelm schon lange nicht mehr als Habsburger, genauso wie sein ältester Bruder Karl Albrecht, der als Oberst Karol Olbracht Habsburg-Lotarynki zunächst gegen die Bolschewiken und später gegen die deutsche Wehrmacht kämpfte und der Gestapo gegenüber seine altösterreichische Herkunft hartnäckig verleugnete. Er bezahlte dieses Verhalten mit dem Leben.

Sein Bruder Wilhelm allerdings war zunächst durch seine ungewöhnliche Popularität in der Ukraine und den umliegenden Gebieten für Kaiser und Reich von Interesse. Für Kaiser Karl war er der ideale Verbindungsmann, wobei Karl auf die Vorbehalte, die gegen Wilhelm von Seiten des deutschen Kaisers geäußert wurden, keine Rücksicht nahm, denn Wilhelm II. erblickte in dem fanatischen jungen Mann eine ernste Gefahr für die Pläne der Mittelmächte. Als allerdings im Jahr 1917 die russische Revolution die Situation auf allen Linien veränderte, schlug sich die »Ukrainische Legion« Wilhelms auf die Seite der Kleinbauern, um gegen die verhassten Großgrundbesitzer vorgehen zu können. Und der »rote Prinz« war einer der Ihren. Deshalb konnte er ab diesem Zeitpunkt auch nicht mehr auf die Unterstützung Kaiser Karls rechnen, denn Karl teilte ihm am 25. Mai 1918 dezidiert mit, dass er »von allen weiter gehenden Engagements« abzusehen habe, die das Verhältnis zu Deutschland noch mehr belasten würden. Gemeint war nach wie vor das Streben Wilhelms nach einer ukrainischen Krone – etwas, was ohnehin zu dieser Zeit ins Reich der Illusionen gehörte.

Nach dem Ende des 1. Weltkrieges hatte Wilhelm in der Ukraine ausgeharrt. Er hatte seine Hoffnungen immer noch nicht begraben, als er 1919, nachdem er mit einem Häuflein Getreuer die Hauptstadt der Bukowina Czernowitz besetzt hatte, von rumänischen Truppen verhaftet wurde, jedoch wie durch ein Wunder die Freiheit bald wieder erlangte.

In den 20er Jahren war Wilhelm vorübergehend in Spanien als Immobilienhändler tätig, um sich aber immer mehr zu einer zwielichtigen Gestalt zu entwickeln, obwohl er nach wie vor für eine unabhängige Ukraine all seine Kräfte einsetzte und sogar einen Appell an den US-Präsidenten Wilson gerichtet hatte. Mit eigenen Truppen, die er in Wien um sich scharte, wollte er in der Sowjetunion einmarschieren, ein Plan, der sich schon sehr bald in Luft auflöste. Deshalb sah er sich nach anderen Möglichkeiten um und begann auf die Hilfe rechtsradikaler Kräfte in München zu bauen, die sich in Deutschland immer lauter bemerkbar machten, ja er scheute auch nicht davor zurück, antisemitische Parolen auszustreuen, obwohl er eigentlich gerade im Osten der seinerzeitigen Monarchie mehr als genug jüdische Freunde gehabt hatte. Allerdings hielt es den umtriebigen Mann nicht lange in der bayerischen Hauptstadt, vielleicht auch, weil er bemerkte, wie sehr man Mitbürger, die homosexuellen Neigungen frönten, zu diskriminieren und zu verfolgen begann. Er selber, ein ungewöhnlich gut aussehender Mann, war nämlich dem männlichen Geschlecht mehr zugetan als dem weiblichen, obwohl er in Paris, wo er für einige Jahre lebte, sich eine allseits bekannte Dame, eine Hochstaplerin, angeblich zur Geliebten nahm. Diese Frau, die sich mit internationalen Kontakten brüstete, sollte für Wilhelm viel Geld auftreiben, damit er einen Putsch finanzieren konnte, durch den die Habsburger in Ost- und Mitteleuropa reinthronisiert werden konnten. Ein riesiger Skandal, in dem der gute Name der Familie in den Schmutz gezogen wurde, war die Folge seines Taktierens. Der angeblich »märchenhaft« reiche Erzherzog verließ nach wüsten Orgien mit Matrosen, in deren Zusammenhang auch die Rothschilds genannt wurden, als bettelarmer Parvenu Paris, um sich in Wien niederzulassen. Von den Nazis enttäuscht, die in Polen nicht nur seinen Bruder gefoltert sondern auch – und das empfand Wilhelm als besonders schmerzlich – das Familiensilber gestohlen hatten, machte er sich England und Frankreich erbötig, als Spion gegen Hitler zu arbeiten.

Auch nach dem 2. Weltkrieg war er für die Alliierten in Wien tätig, was im Kalten Krieg allerdings vom sowjetischen Geheimdienst mit Argusaugen beobachtet wurde. Am 22. August 1947 war sein Spiel zu Ende. Der ehemalige Erzherzog wurde auf freier Straße verhaftet und nach Kiew deportiert, wo man ihm als englischem und französischem Spion den Prozess machte. Er wurde zu 25 Jahren Straflger verurteilt, die er nicht überlebte. Ein Jahr später, am 18. August 1948, verstarb er wahrscheinlich im Lukyanivska-Gefängnis an beiderseitiger Lungentuberkulose in Kiew, der Hauptstadt der Ukraine – eine Ironie des Schicksals!

Wer war wer?

Personenverzeichnis

Wer war stärker: Kaiser oder Papst?

Kaiser Ludwig IV., der Bayer (1281–1347), kämpfte gegen Friedrich den Schönen von Österreich und den Papst um seine Anerkennung, Schwiegervater von Margarete Maultasch.

Der Glaube kann nicht nur Berge versetzen

Königin Isabella von Kastilien (1451–1504) und ihr Gemahl König Ferdinand von Aragon (1452–1516) erneuerte die Inquisition in Spanien mit päpstlicher Genehmigung 1481.

Des Kaisers unüberschaubare Kinderschar

Kaiser Maximilian I. (1459–1519) hatte außer drei ehelichen Kindern (Philipp, Margarete, Karl, der gleich nach der Geburt starb) ungefähr 72 »natürliche« Kinder.

Sex und Skandale prägten das Bild der schönen Papsttochter

Lucrezia Borgia (1480–1519) war die Tochter des Kardinals Rodrigo Borgia und späteren Papstes Alexander Borgia und seiner Mätresse Vanozza de Cattanei. Lucrezia war mehrfach verheiratet und keineswegs so lasterhaft, wie sie meist dargestellt wird. Sie förderte Kunst und Wissenschaft.

Der französische König war trügerisch wie der Mond

König Franz I. von Frankreich (1494–1547) war der Hauptgegenspieler und Feind Kaiser Karls V., obwohl er in zweiter Ehe mit

Eleonore, der Schwester Karls, verheiratet war. Er schloss dubiose
Bündnisse auch mit dem türkischen Sultan.

Starrköpfig verfolgte er sein Lebensziel bis in den Tod

Fernão de Magalhães (1480–1521), genannt Magellan, portugie-
sischer Seefahrer, umschiffte als erster das Kap Hoorn. Er kam
bei Kämpfen auf den Gewürzinseln ums Leben.

Umschwärmter Held und kaltblütiger Mörder: Cesare Borgia

Bruder Lucrezia Borgias (1457–1507), Kardinal und Heerführer,
bekannt durch sein dubioses Leben.

»Junker Jörg« war der geniale Übersetzer der Bibel

Martin Luther (1483–1546) löste durch die 95 Thesen, die er in
der Schlosskirche zu Wittenberg verlas oder anschlug, die Reformation aus. Als Bibelübersetzer wurde er zum Schöpfer der neu-
hochdeutschen Sprache.

Ein Verbrechen an den Bewohnern, der Stadt und der gesamten Menschheit

Der »Sacco di Roma« bezeichnet die Plünderung Roms 1527, als
deutsche und spanische Söldnertruppen Rom einnahmen und in
nur wenigen Tagen verwüsteten.

Erst der Bruder erlöste die Schwester

Katharina (1507–1578), die jüngste Tochter Philipps des
Schönen und Juana la Locas, wuchs bei ihrer Mutter in Tordesillas auf. Karl V., ihr Bruder, verheiratete sie mit dem König
von Portugal Johann III. Sie förderte nicht nur die Wissenschaft, Kunst und die Seefahrt, sie führte auch die Inquisition
in Portugal ein.

Der Sultan war ein treuer Ehemann

Süleyman I. (zwischen 1494 und 1496–1566), der Prächtige, eroberte weite Gebiete in Nordafrika und Osteuropa für die Osmanen, 1529 konnte er Wien nicht erobern. War mit der Sklavin Roxelane verheiratet.

Ein Mädchen im Strudel der Zeit

Katharina de' Medici (1519–1589), verheiratet mit Heinrich II. von Valois. Mutter von drei französischen Königen, kam in Verdacht, die Bartholomäusnacht angezettelt zu haben, in der Hunderte Calvinisten ermordet wurden.

Eine rothaarige Sklavin eroberte das Herz des Sultans

Roxelane (zwischen 1500 und 1506–1558) kam als Geschenk in den Harem von Sultan Süleyman I. Aus der Lieblingsfrau wurde die Ehefrau, Mutter von vier Söhnen und einer Tochter.

Der Makel der Geburt verfolgte ihn ein Leben lang

Karl von Österreich (1560–1618), Sohn von Erzherzog Ferdinand von Tirol und der Philippine Welser aus deren morganatischer Ehe. Glückloser Heerführer, plünderte Schloss Ambras. Kinderlos mit Sybille von Jülich-Kleve verheiratet. Mehrere uneheliche Kinder in Italien.

Die Ratsherren fielen nicht auf einen Misthaufen

Anlässlich des Zweiten Prager Fenstersturzes am 23. Mai 1618 wurden von protestantischen Eindringlingen die Ratsherren Martiniz und Slavata sowie der Schreiber Fabricius aus dem Fenster der Burg gestürzt. Alle drei überlebten. Der Fenstersturz gilt als auslösender Faktor des 30-jährigen Krieges.

Gevatter Tod als Königsmacher

Heinrich IV. von Navarra (1553–1610), Sohn Antons von Bourbon, wurde nach dem Ableben der jungen Könige Franz II., Karl IX. und Heinrich III. aus dem Hause Valois König von Frankreich. Er konvertierte vom Calvinismus zum Katholizismus: »Paris ist eine Messe wert.«

Ein eindeutig zweideutiger Held

Lamoral von Egmont (1522–1568) gilt als niederländischer Freiheitskämpfer, der aber eine durchaus wankelmütige Politik betrieb. Er war mit Sabina, der Tochter des Pfalzgrafen Johann II. von Simmern, verheiratet, zahlreiche Kinder. In den niederländischen Freiheitskampf verwickelt wurde er von den Spaniern am 5. Juni 1568 hingerichtet.

Ein Witwensitz für die lustige Witwe

Die neue Favorita, deren Bau schon Kaiser Matthias begonnen hatte, war das politische Zentrum der Habsburger in den Sommermonaten. Daneben diente sie zwei Kaiserinnen als Witwensitz. Hier wurde Maria Theresia geboren. Als Karl VI., der Vater Maria Theresias, hier starb, verließ die Tochter das Schloss für immer.

Eine Florentinerin herrschte im Land Tirol

Claudia de' Medici (1604–1648) war in zweiter Ehe mit Erzherzog Leopold von Tirol (einem Bruder der Kaiser Rudolf II. und Matthias) verheiratet und führte nach dessen Tod für ihren unmündigen Sohn hervorragend die Regierungsgeschäfte.

Im Wechselbad der Gefühle

König Ludwig XIII. von Frankreich (1601–1642) war mit Anna von Österreich verheiratet. Seine sexuelle Ausrichtung war nicht eindeutig. Nach langer Ehe kam der Sohn Ludwig XIV. zur Welt. Ludwig XIII. stand anfangs im Schatten seiner Mutter, Maria de' Medici, später unter dem Einfluss von Kardinal Mazarin.

Staatsmann und Kavalier Jules Mazarin

Giulio Mazarini (1602–1661) kam aus Rom an den französischen Hof, wurde Kardinal und engster Vertrauter und politischer Berater Annas von Österreich, der Gemahlin Ludwigs XIII. Väterlicher Freund des jungen Ludwig XIV.

Liselotte von der Pfalz schrieb leidenschaftlich gern Briefe

Liselotte von der Pfalz (1652–1722), die Gemahlin von Philipp von Orléans (Bruder Ludwigs XIV.), war die Tochter des Kurfürsten Karl I. Liselotte von der Pfalz schrieb über 60 000 Briefe, in denen sie über die Zustände am Hofe Ludwigs XIV. berichtete. Ihr Gemahl galt als homosexuell.

Der heißersehnte Sohn war eine Tochter

Christina von Schweden (1626–1689), einzige Tochter von König Gustav Adolf. 1650 Königin, Kunstmäzenin, dankte ab und konvertierte zum katholischen Glauben. Starb in Rom.

Der lendengewaltige August von Sachsen war ein Barockfürst wie aus dem Bilderbuch

August von Sachsen (1670–1733) kam nach dem frühen Tod seines Bruders in Sachsen als Kurfürst an die Regierung. Er war vorübergehend König von Polen, Förderer der Künste und der Wissenschaft, hatte angeblich über 300 Kinder.

Vom Lustgarten zum Exerzierplatz

König Friedrich Wilhelm I. (1688–1740) reformierte den preußischen Staat, machte die Armee stark, war der Vater der »Langen Kerls«, führte die Schulpflicht ein. Vater des Preußenkönigs Friedrich II.

Der König von Schweden war ein ungewöhnlicher Haudegen

Karl XII. von Schweden (1682–1718) wurde mit 15 Jahren König, siegte mehrere Male im Nordischen Krieg gegen Dänemark und Russland. Konnte die schwedischen Besitzungen an der Ostsee nicht halten. Starb mit 36 Jahren unvermählt.

Das Reserl liebte das Glücksspiel

Maria Theresia (1717–1780), Erzherzogin von Österreich, Königin von Böhmen und Ungarn, Gemahlin des Kaisers Franz Stephan von Lothringen, geniale habsburgische Herrscherin, die durch ihre Reformen das Habsburgerreich aus den mittelalterlichen Strukturen herausführte. Gegenspielerin von König Friedrich II. von Preußen. 16 Kinder.

Der Fußboden der Höfe ist glatt und schlüpfrig wie ein Aal ...

Johann Friedrich Struensee (1737–1772), Arzt und politischer Ratgeber des dänischen Königs Christian VII. Brachte die Ideen der Aufklärung nach Dänemark, wurde aber als intimer Freund der Königin Caroline Mathilde auf grässliche Weise hingerichtet.

Der spätere geniale Herrscher war ein widerborstiges Kind

Leopold (1747–1792) war der 2. Kaisersohn Maria Theresias. Zunächst nach dem Tod seines Vaters 1765 Großherzog der Toscana, nach dem Tod seines Bruders Joseph II. wurde er nur für zwei Jahre Kaiser. Pietro Leopoldo wird auf Grund seiner großen Verdienste um die Toscana dort immer noch verehrt. War verheiratet mit Maria Ludovika und Vater von zahlreichen Kindern, die verschiedene Linien begründeten (Kaiserliche Linie, Linie Toscana, Linie Karl, Ungarische Linie, Linie Rainer).

Grigori Potjomkin beeindruckte die Zarin nicht nur durch seine Dörfer

Grigori Potjomkin (1739–1791) war nicht nur Liebhaber der Zarin Katharina II., sondern vielleicht auch ihr Ehemann nach dem Tode von Zar Peter III. Er lenkte jahrelang die Politik und galt als ihr engster Berater. In der späteren Zeit führte er Katharina verschiedene Liebhaber zu. Bekannt sind die fiktiven Dörfer, die er angeblich erbauen ließ.

Sie wehrte sich wie eine Löwin, bis ihr Haupt fiel

Madame Dubarry, geborene Marie-Jeanne Bécu (1743–1793), stammte aus kleinen Verhältnissen, der Graf von du Barry verlieh ihr Stand und Ansehen, sie wurde Mätresse en titre von König Ludwig XV., wurde von ihm ins Kloster geschickt, später konnte sie auf ihr Schloss Louveciennes zurückkehren. Wurde nach 20 Jahren auf das Schafott in Paris geschleppt.

Der Kongress tanzt ...

Auf dem Wiener Kongress, der vom 18. September 1814 bis 9. Juni 1815 dauerte, sollte eine Neuordnung Europas erstellt werden. Hauptpersonen in diesem politischen Konzept waren auf Habsburgerseite Fürst Klemens Metternich und auf französischer Seite Talleyrand.

Die Tragik der Erstgeburt

Ferdinand I. (1793–1875), der älteste Sohn von Kaiser Franz I. und dessen Gemahlin Maria Theresia von Neapel Sizilien, war auf Grund der Inzucht schwerstbehindert. Er galt im Volk als »Trottel«, wenngleich er mehrere Sprachen beherrschte. Er dankte zugunsten seines Neffen Franz Joseph ab.

Der Vetter gab ihr einen Ring – dafür gibt sie ihm eine halbe Krone

Albert von Sachsen-Coburg und Gotha (1819–1861) heiratete seine Cousine Victoria, die durch Zufall Königin von Großbritannien geworden war. Die Ehe war in England nicht unumstritten, obwohl Albert ein hochgebildeter Mann war und seine Gemahlin positiv beeinflusste.

Ein Bayer auf Griechenlands Thron

Otto von Wittelsbach (1815–1867), der zweitgeborene Sohn König Ludwigs I. von Bayern, wurde durch den Willen der Westmächte König von Griechenland, war erfolglos und kehrte mit seiner Gemahlin Amalie nach Bayern zurück.

Der geplante Überraschungskaiser

Franz (1830–1916), Sohn der Erzherzogin Sophie und des Erzherzogs Franz Karl, wurde nach der Abdankung seines Onkels Ferdinand am 2. Dezember 1848 in Olmütz gekrönt. Er nahm als Kaiser den Namen Franz Joseph an, aus Verehrung für Kaiser Joseph II.

Weihnachten in der Kaiserfamilie

Weihnachten, das Fest des Jahres, wurde in der Kaiserfamilie traditionell, aber beinah bürgerlich begangen.

Das Wandern war schon Sisis Lust

Kaiserin Elisabeth von Österreich-Ungarn (1837–1898) überraschte ihre Umgebung immer wieder durch sportliche Hochleistungen, die für ihre Zeit durchaus unüblich waren. Sie galt nicht nur als hervorragende Reiterin, sie unternahm auch ungewöhnlich lange Märsche und bestieg die Gipfel der Berge.

Meine liebe Freundin ...

Katharina Schratt (1853–1940) war die gemeinsame Freundin des österreichischen Kaiserpaares, für Kaiser Franz Joseph ein Leben lang die »gnädige Frau«, die dem Kaiser die einsamen Stunden vertrieb. Wie nah das Verhältnis der beiden war, ist nicht bekannt.

»Sopherl, stirb nicht, denk an die Kinder!«

Sophie Chotek von Chotkowa (1868–1914), die Gemahlin des österreichischen Thronfolgers Franz Ferdinand, wurde zusammen mit ihm in Sarajewo von den Kugeln des Mörders Princip tödlich getroffen. Da sie im Kaiserhaus als unstandesgemäß galt, hatte der Kaiser nur in eine »morganatische Ehe« eingewilligt, die drei Kinder trugen den Namen »Hohenberg« und waren nicht erbberechtigt.

Ein König für die Ukraine

Erzherzog Wilhelm (1895–1948) hatte Ambitionen in der Ukraine, führte ein dubioses Leben, das bis heute nicht ganz durchleuchtet ist, geriet nach dem Zweiten Weltkrieg in das Schussfeld der Geheimdienste und wurde von den Sowjets in ein Straflager gebracht, wo er starb.

Besuchen Sie uns im Internet unter
www.amalthea.at

© 2010 by Amalthea Signum Verlag, Wien
Alle Rechte vorbehalten
Schutzumschlaggestaltung: Kurt Hamtil, verlagsbüro wien
Umschlagabbildung: Familie des Kaisers Maximilian I.
Gemälde von Bernhard Strigel
Herstellung: studio e, Josef Embacher
Gesetzt aus der 12/14,5 pt Caslon
Gedruckt in der EU

ISBN 978-3-85002-726-7